[美]弗洛伦斯·艾思柯 著
Florence Ayscough

豆涛 译

江湖客

杜甫

中央编译出版社
Central Compilation & Translation Press

图书在版编目（CIP）数据

江湖客杜甫 /（美）弗洛伦斯·艾思柯著 ；豆涛译.
北京 : 中央编译出版社, 2025. 6. -- ISBN 978-7-5117-
4918-5

Ⅰ. K825.6
中国国家版本馆CIP数据核字第2025A29Z94号

江湖客杜甫

责任编辑	苗永姝
责任印制	李　颖
出版发行	中央编译出版社
网　　址	www.cctpcm.com
地　　址	北京市海淀区北四环西路69号（100080）
电　　话	（010）55627391（总编室）　　（010）55625179（编辑室）
	（010）55627320（发行部）　　（010）55627377（新技术部）
经　　销	全国新华书店
印　　刷	北京汇林印务有限公司
开　　本	889毫米×1194毫米　1/32
字　　数	128千字
印　　张	8
版　　次	2025年6月第1版
印　　次	2025年6月第1次印刷
定　　价	65.00元

新浪微博：@中央编译出版社　　　　微　信：中央编译出版社（ID：cctphome）
淘宝店铺：中央编译出版社直销店（http://shop108367160.taobao.com）　（010）55627

本社常年法律顾问：北京市吴栾赵阎律师事务所律师　闫军　梁勤
凡有印装质量问题，本社负责调换，电话：（010）55627320

目　录

唐代诗圣杜拾遗像	001
前　言	001
第一章　华州至秦州途中	005
第二章　身居秦州	011
第三章　转赴同谷	028
第四章　甘肃至四川成都（锦城）途中	036
第五章　身居成都	047
第六章　身居梓阆	080
第七章　再临成都	102
第八章　成都至夔州途中	118
第九章　抵达夔州	129
第十章　居于夔州西阁	144
第十一章　居于夔州赤甲	155

第十二章	居于夔州瀼西	157
第十三章	顺长江而下至洞庭湖	200
第十四章	舟居洞庭、潇湘水上	207
杜诗题录		218

唐代诗圣杜拾遗像

修缮杜甫祠堂的第二年，应州太守致信潼泾的张廷安（字述坦），请他在长安城中搜寻一幅长期存藏于一个竹制书箱中的杜甫画像，并寄往秦地。他命一位名叫于琦的人（即此铭文作者）摹写画像副本，又令绵上杨守遴选石匠，刻石立碑于祠堂之内。碑上需详刻此事始末，以便天下后世尊崇杜公者得以考据。

庚午年九月，江宁秦于琦谨记。

韩宇据浣花草堂范本抄录。

* * *

我要感谢柏林的约翰·赫弗（John Heffer）先生和伦敦的熊式一（S.I.Hsiung）先生，他们协助我破译上述碑文。至于碑文作者秦于琦及抄录者韩宇之生平，迄今未得详考。按干支纪年，杜甫去世后，"庚午"年首度出现于公元790年，此后每六十年一循环。

此杜甫画像拓片现由余珍藏，承已故克劳德·杜·布瓦·雷蒙教授（Professor Claude du Bois Raymond）遗孀惠允，得自其旧藏。

插图列表

溪流过径,蜿蜒曲折 20
露西尔·道格拉斯根据诺斯先生的照片蚀刻绘制

西安至成都要道 37
露西尔·道格拉斯根据朱利安·阿诺德先生的照片蚀刻绘制

剑门山梯田公路 43
露西尔·道格拉斯根据一幅旧画蚀刻绘制

杜甫自称农夫,头戴尖顶草帽 45

杜甫草堂遗址工部祠远景 46
露西尔·道格拉斯根据瑟维斯小姐的水彩速写蚀刻绘制

成都附近杜甫草堂遗址工部祠神龛中的杜甫木雕像 51
露西尔·道格拉斯根据一位中国学生的照片蚀刻绘制,照片由斯蒂沃特博士提供

江湖客杜甫

| 四川竹桥凌空飞架惊心动魄 | 56 |

露西尔·道格拉斯根据诺斯先生的照片蚀刻绘制

成都杜甫草堂遗址工部祠内水塘　　104
露西尔·道格拉斯根据博尔施曼博士的照片蚀刻绘制

成都杜甫纪念馆附近浣花溪上的万里桥　　109
露西尔·道格拉斯根据诺斯先生的照片蚀刻绘制

重庆街道　　120
露西尔·道格拉斯根据博尔施曼博士的照片蚀刻绘制

长江水面的大型航船　　126
露西尔·道格拉斯根据弗洛伦斯·艾斯库克的照片蚀刻绘制

夔州城　　130
露西尔·道格拉斯根据卡尔特先生的照片蚀刻绘制

耸立于险峻峡谷上口的赤甲山　　153
露西尔·道格拉斯根据弗洛伦斯·艾斯库克及诺斯先生的照片蚀刻绘制

插图列表

湖南耒阳附近宝塔雪景   208
露西尔·道格拉斯根据埃尔利·霍巴特先生的照片蚀刻绘制

羁旅杜甫棺柩静卧于湘江一叶扁舟之上   215
露西尔·道格拉斯根据博尔施曼博士的照片蚀刻绘制

前　言

本书为中国诗人杜甫传记第二卷[①]，也是最终卷，但并未涵盖杜甫的全部作品。事实上，本卷所译诗篇仅为杜甫全部作品的冰山一角。本书资料来源于《杜诗镜铨》——该书以编年为序，共二十一卷，其中末卷为书启、表赋等散体作品，本书未涉及该部分内容。

本人第一卷作品参考了《杜诗镜铨》前五卷，涵盖从公元712年杜甫出生到公元759年秋他辞去华州司功参军这段时间，其余十五卷收录了他公元759年至770年间所作诗篇。杜甫于公元770年去世，享年五十八岁。

我面临的首要问题为：如何将这十五卷纸张绵软、字密行紧的中文线装簿本浓缩为一本清晰易读的英文书？

本人翻译的第一卷作品于1929年出版，该卷讲述了杜甫在京城生活并参与朝政的时代，因此有必要简单介绍当时的历史背景及他所生活的朝廷状况。然而，四十七

[①] 第一卷指作者的另一本书，中文版为《杜甫传》，姜倩译，北京：中央编译出版社2024年版。——译者注

江湖客杜甫

岁时,杜甫辞去官职,成为一名他自己描述的"江湖客"——换句话讲,成了一名四处漂泊之人。他向西而行,远离朝堂纷争。尽管他还会关注殿前之事,但已不再为其日夜忧思。

因此,在尝试解决上述问题时,我一直坚持第一卷中已阐明的目标:"尽可能重构杜甫的自传,用其诗歌讲述其故事",因此省略了与此无关的部分。在余下诗篇中,我选择了客观性较强的诗作,即优先选择那些杜甫告诉我们其所到之处、所做之事的诗歌,而不是那些主观性较强的作品。随后,我希望简要结合唐代历史背景来讲述其余内容。

第二个问题,也是令每一位中文译者头疼的问题:书中几乎每页都遍布多则典故,我该如何处理这些典故?这个问题在第一卷第 16 页中已有详细阐释。暂且不论对错,为避免注释繁琐,我忽略了诗作中的大部分典故。解释这些典故本身并不困难,因为中文资料注释详尽且有据可查。然而,要让西方读者对这些细致入微的解释产生兴趣——这十分困难!几乎完全不可能!例如,杜甫最长的诗《秋日夔府》中第 69 行提到的"兆喜",任何对中国文学稍有了解的人都知道它有关周文王田猎遇姜太公的故

前　言

事，并立刻能领会这一典故的含义。而对不熟悉这类典故的人，则必须先了解这段历史传说，大致可概述如下：

> 公元前十一世纪初，周文王欲出门狩猎。事先用灵草占卜气运，知其猎物并非寻常动物，而是一名"太师"。
>
> 随后，灵草果然应验了。文王遇到一位耄耋之年的白须老人，正用直钩而非弯钩钓鱼，成群鱼儿竟然自愿上钩。文王意识到此人（俗名姜子牙）非同寻常，便将其带回，赐名太公望。这位老人是一位杰出的政治家，拥有掌控鬼神的通灵之力。如今，在中国民居门前时常可见此番镇宅之言："姜太公在此！"

这是一个动人的故事，虽然可以详加叙述进行扩展，但却与生活在近两千年后的杜甫毫无关系。把每首诗歌都淹没在纷繁的注释之中，会对读者欣赏诗歌有所助益吗？此外，还需考虑篇幅的限制。为了读者的利益考虑，我需要在以下两种选择中做出取舍：一是尽量多收录诗篇，尽管有些诗句因其典故未加注释而显得晦涩难懂；二是减少诗篇的数量，借助注释详尽解释诗中所有典故，但与本书

江湖客杜甫

主题"杜甫自传"不相关。

我最终选择了前者,希望读者能够认同我的决定。此外,我将叙述评论部分减至最少,仅简要描述杜甫的生平。

翻译方法。我已在第一卷第 13 页进行详细解释,在某些方面,我这种翻译方法有别于传统惯用技法,然而我将依然坚持使用以确保内容的真实。相反,阅读得越多,我越确信,只有探究中文表意文字背后的深层含义,才能译出生动的话语。文字的意义并非通过简单的字形分析就能获得,无数的文化和历史因素共同塑造了汉字字形的意义。不过,我确实认为需要兼顾意义和结构,而且,如果这些意义和结构在特定语境中能够为枯燥的解释平添意趣,那么就应当加以运用。当然,此种方法费时费力,但对我来说却十分值得。

坦白而言,本书中每个比喻和隐喻均非我凭空想象,而是潜藏在所译中文的字里行间。至于冠词、连词及其他英文中常用但在中国诗歌中通常缺少的词类,则一概能省则省,不作无谓添加。

中国的律诗和绝句,通常五字或七字一行,两行相互对应。而自由诗则有一定的不规则性。在本书中,我将每

前　言

一行的英文分组排列，以对应中文中每行的单音节字形；为了保持韵律，音节的排列可能会有细微的变化。例如，我经常将中文姓名的两个音节合并，然后通过分割后续短语来获得平衡。词序自然会与中文的顺序有所不同，但每一行顺序不变。同一行中的字绝不会出现在另一行的译文中。少数情况下，我仅翻译了整首诗歌的部分内容，省略部分以星号表示。

完整翻译再现一首中文诗几乎不可能。首先，英文缺乏再现中文里"声调"的必要机制，而声调是中文诗歌中不可或缺的一部分。其次，多音节语言中的任何韵律都难以实现单音节语言的韵律效果。我只能尽力忠实传达杜甫的思想，尽量接近他诗歌原作中的言语措辞。对此，我谨以谦逊之心翻译呈现这些作品。

中文人名拼写。所有诗歌中的人名均采用威妥玛拼音系统进行音译，在本书的叙述评论及地图中出现的地名则按照邮政系统的用法进行处理。

插图。第一卷中收录了一位十八世纪中国画家的素描作品，描绘了唐朝的生活，展示了当时的传统服饰、家具器物等。在出版本卷之前，我原本希望能够追随杜甫的足迹，踏上四川之旅，亲自拍摄其所见所闻之景，但由于种

江湖客杜甫

种原因未能如愿。然而，几位友善的朋友曾走过这里的部分路段，他们慷慨地提供了一些照片，露西尔·道格拉斯小姐根据这些照片制作了一些她所擅长的精美蚀刻版画。对此，我深表感激。

卷首插图来自一幅碑帖拓片，我有幸得到已故柏林教授克劳德·杜·布瓦·雷蒙德博士的遗孀的帮助而获得，这位教授曾在中国生活多年。原作雕刻在石头上，现存于今日西安附近，也就是杜甫曾生活过的唐代都城长安一带。

在结束这篇前言时，我不得不提到我的中文老师农竹（Nung Chu）先生。他总是十分耐心，对杜甫的诗作理解深刻，帮助我在阅读这些诗篇时获得了更大的乐趣。

我所呈现的这本书并非学位论文，更不是历史或语言学方面的专题研究；更确切地说，这是一次尝试，旨在为西方读者揭示一位伟大人物的个性品格。虽然他在一千一百六十四年前已然离世，但他坚韧不屈的精神，可谓后世之楷模，依旧在他生活过的土地上闪耀光芒。对于他的同胞而言，他是清正廉洁官员的典范；描述这样一位人物时，人们会用到一个词汇：忠贞。该词也常用来称颂女性的贞洁品格。

前　言

　　我熟识的一位中国青年，虽英语尚不足以尽述其对诗人的崇敬，仍如此描述杜甫："He was met with rebellions, but his rigidly chaste had never been stained.（遭逢乱世而不改其节，历经离乱犹守玉壶冰心。）"

弗洛伦斯·艾思柯
1934年于根西岛上城22号

第一卷概述

第一卷讲述的是公元712年至759年间的故事,这段时间杜甫在中国东部省份和帝都长安(即今天的陕西西安)度过。其间,诗人杜甫经历了他的童年、青年和中年时代,并在多首诗中有所描述。

当时,有才华之人难以得到朝廷重用,然而杜甫仍在那个时代的政治中扮演了一定的角色,在明皇唐玄宗的宫廷中供职。当时,宫廷由明皇的宠妃杨贵妃及其杨氏家族控制。对此,我做了详细描述。

此外,我还增加了较长的历史年表,并附上了传记索引,记录了与杜甫有过接触并在当时中国历史上产生了重要影响的历史人物的生平。

公元756年安史之乱后,杜甫由唐肃宗任命为左拾遗,后却因触怒龙颜惨遭贬谪,发配至潼关附近的华州,当时局势极为动荡,士兵们夜以继日行军打仗,试图剿灭各地叛军。杜甫在一系列诗作中生动地描绘了这些情

江湖客杜甫

景。后来当地又遭遇旱灾和饥荒,杜甫见局势艰难,便于四十七岁那年辞去官职,带着家人向西迁徙,希望寻求温饱与安定的生活。本书第二卷由此展开。

年迈体弱

乾元二年（猪年）至大历五年（狗年）

公元 759 年至 770 年

第一章　华州至秦州途中

华州至秦州，乾元二年（猪年），公元759年

辞去官职

《杜诗镜铨》卷五

酷热，干旱，饥荒。这三者降临之地，必成苦难之境。为了躲灾避难，一小队行人在炎炎秋日动身出发踏上了"大西路"。这条路起始于巍峨险峻的潼关，一直延伸到陇山，然后通往世界屋脊青藏高原。

这队行人包括杜甫及其妻子、小女儿和两个儿子——熊儿和骥子。杜甫骑着马，妻儿们可能坐在搭于两头骡子中间的轿子里，或是坐在没有弹簧、车轮缠着铁箍的马车中颠簸前行。这些古老的交通工具即便在今日的"大西路"上，依然可见其身影。

江湖客杜甫

在黎桑神父①绘制的大地图上,我和农先生②追寻"大西路"的蜿蜒轨迹,这条路绕过群山峻岭北侧,蜿蜒穿越黄河流域的广袤地带。虽然杜甫在诗中对这片地形未曾描述,但黎桑这位博学的耶稣会士绘制的地图十分细致,人们可以在心中勾勒出一幅壮观的自然图景:沙丘、沙土、盐沼、高堤、奔腾的河流、露出地面的花岗岩、灌溉

老病时代

---

① 保罗·埃米尔·黎桑(Paul Emile Licent,1876–1952),法国博物学家、地质学家、古生物学家、考古学家。1914年,作为法国天主教耶稣会神甫来到中国,从事田野考察及考古调查工作25年,为中国史前考古做出重大贡献。1938年回国,1952年于法国逝世,来华后取中文名"桑志华"。——译者注

② 农竹(Nung Chu,1862–1953),字劲荪,时任作者艾思柯中文老师。中国同盟会会员,中国精武体操会(上海精武体育总会前身)创始人、首任会长。——译者注

第一章 华州至秦州途中

渠、黄土地、红土地、硫磺泉和成片稻田,在巍峨的秦岭山麓之间交替展现。我们推测,杜甫一行人可能没有进入长安城,但途经此地时疲惫不堪,定然会满怀惆怅地远望这座都城的城楼。我们确知他们曾在一处古战场停留;这一切,都是杜甫在诗中为我们留下的印记。同时我们也知道,他心中充满了对旧友的思念,比如他曾梦见李太白;他的笔下也流露出对自己悲惨境遇的哀叹,将自己比作命途多舛的落寞佳人。

遣兴三首①②

一

下马古战场,四顾但茫然。

风悲浮云去,黄叶坠我前。

朽骨穴蝼蚁,又为蔓草缠。

故老行叹息,今人尚开边。

汉虏互胜负,封疆不常全。

---

① 《杜诗镜铨》原作中此处收录三首诗,作者在此仅列出前两首。——译者注

② 原文中杜甫诗作参照的是吴棠望三益斋刊刻的《杜诗镜铨》,本书参照〔唐〕杜甫著、〔清〕杨伦笺注:《杜诗镜铨》,上海:上海古籍出版社2019年版。——译者注

安得廉耻将,三军同晏眠。

二

高秋登塞山,南望马邑州。
降虏东击胡,壮健尽不留。
穹庐莽牢落,上有行云愁。
老弱哭道路,愿闻甲兵休。
邺中事反覆,死人积如丘。
诸将已茅土,载驱谁与谋。

佳 人

绝代有佳人,幽居在空谷。
自云良家子,零落依草木。
关中昔丧乱,兄弟遭杀戮。
官高何足论,不得收骨肉。
世情恶衰歇,万事随转烛。
夫婿轻薄儿,新人美如玉。
合昏尚知时,鸳鸯不独宿。
但见新人笑,那闻旧人哭。
在山泉水清,出山泉水浊。

侍婢卖珠回,牵萝补茅屋。
摘花不插发,采柏动盈掬。
天寒翠袖薄,日暮倚修竹。

梦李白二首

一

死别已吞声,生别常恻恻。
江南瘴疠地,逐客无消息。
故人入我梦,明我长相忆。
恐非平生魂,路远不可测。
魂来枫林青,魂返关塞黑。
君今在罗网,何以有羽翼?
落月满屋梁,犹疑照颜色。
水深波浪阔,无使蛟龙得。

二

浮云终日行,游子久不至。
三夜频梦君,情亲见君意。
告归常局促,苦道来不易。
江湖多风波,舟楫恐失坠。

出门搔白首,若负平生志。
冠盖满京华,斯人独憔悴。
孰云网恢恢,将老身反累。
千秋万岁名,寂寞身后事。

第二章　身居秦州

秦州，乾元二年，初秋，公元759年

《杜诗镜铨》卷六

秦州，现称作"天水"，该名字由汉武帝所赐而沿用至今。在这片土地上，有一眼清泉，终年不息，宛如自天而降的甘露，冬季不枯竭，夏季不泛滥，因此得名"天水"。

经过数周的颠沛流离，杜甫一家人终于穿越了巍峨险峻的陇山抵达了秦州。陇山，是一座分隔陕西中部平原与西部高地的天然屏障。对于汉民族而言，它不仅是一个地理标识，更承载着浓烈的乡愁和深切的痛楚。绝望无助的流亡者、被迫征战的士兵，成千上万人都曾踏上这片险峻的山脉，"但是，"农先生说，"又有多少人能重返故土呢？"

秦州是当时大唐风景最美丽的地方之一，来到这里，杜甫写下《秦州杂诗二十首》。农先生曾这样评价："这些诗歌并不是针对某个孤立的瞬间、单独的场景或单一的事

件,而是总体描述了边疆塞外的山川风物、吐蕃蛮族的傲慢嚣张、大唐王朝的国事民情,表达了诗人内心的苦楚悲伤以及对友人的真挚情谊。种种描述皆因边疆地区的壮丽美景而变得更为刻骨铭心。杜甫在第一首诗中写道,山高路远,九曲回肠路,耗时一周翻越陇山。"而后,他描述了那里深不可测的水域,五色鱼畅游其中,当地人视其为幼龙,因而敬畏有加不敢捕捉。他还提到了穴居洞中的猫头鹰,它们与北美的穴居鸟类相似,竟与草原犬或旱獭等小型野兽和谐共处,同穴而居。人们相信这些动物成对相伴,猫头鹰在其中扮演着雌性的角色。这些奇异的景象无疑为饱受思乡之苦的旅人增添了几分孤独与凄凉。

　　农先生翻阅着柔软的诗卷,继续讲道:"从最后一首诗中,我们可以感受到杜甫的深深哀思。王朝虽已重整旗鼓,君王却不再需要他这位'旧臣'。他向'鸳行'旧友(同朝旧友)①叹息道,自己已不再抱有重返朝廷的希望。"

---

　　① 鸳行:指鸳鸟群飞时行伍整齐,比喻官员朝班的行伍整齐有序。出自刘禹锡《奉和司空裴相公中书即事通简旧僚之作》。该词在下文杜甫第二十首诗中出现。——译者注

第二章　身居秦州

秦州杂诗二十首

一

满目悲生事,因人作远游。

迟回度陇怯,浩荡及关愁。

水落鱼龙夜,山空鸟鼠秋。

西征问烽火,心折此淹留。

二

秦州山北寺,胜迹隗嚣宫。

苔藓山门古,丹青野殿空。

月明垂叶露,云逐渡溪风。

清渭无情极,愁时独向东。

十二

山头南郭寺,水号北流泉。

老树空庭得,清渠一邑传。

秋花危石底,晚景卧钟边。

俯仰悲身世,溪风为飒然。

十三

传道东柯谷,深藏数十家。
对门藤盖瓦,映竹水穿沙。
瘦地翻宜粟,阳坡可种瓜。
船人近相报,但恐失桃花。

十七

边秋阴易久,不复辨晨光。
檐雨乱淋幔,山云低度墙。
鸬鹚窥浅井,蚯蚓上深堂。
车马何萧索,门前百草长。

十八

地僻秋将尽,山高客未归。
塞云多断续,边日少光辉。
警急烽常报,传闻檄屡飞。
西戎外甥国,何得迕天威。

二十

唐尧真自圣,野老复何知。

第二章 身居秦州

晒药能无妇，应门幸有儿。

藏书闻禹穴，读记忆仇池。

为报鸳行旧，鹡鸰在一枝。

在遥远的秦州，尽管与兄弟姊妹相隔千里，杜甫却在此邂逅了同样因贬谪而流落至此的挚友——赞公和尚。三年前，长安因叛军动乱而陷入混乱，杜甫曾多次在赞公的寺庙中寻求庇护，以躲避战乱的风波。在高僧赞公的影响下，杜甫对秦州这片土地上的生活产生了向往和憧憬，于是他迫切地想寻找一处安身立命之所，但最终都未能如愿。后来他甚至萌生了亲自修建房屋的念头，以求在这片陌生的土地上扎下根来。这一时期他留下了众多诗篇，在此我引述几首如下：

月夜忆舍弟

戍鼓断人行，边秋一雁声。

露从今夜白，月是故乡明。

有弟皆分散，无家问死生。

寄书长不达，况乃未休兵。

宿赞公房

杖锡何来此？秋风已飒然。
雨荒深院菊，霜倒半池莲。
放逐宁违性？虚空不离禅。
相逢成夜宿，陇月向人圆。

寄赞上人

一昨陪锡杖，卜邻南山幽。
年侵腰脚衰，未便阴崖秋。
重冈北面起，竟日阳光留。
茅屋买兼土，斯焉心所求。
近闻西枝西，有谷杉黍稠。
亭午颇和暖，石田又足收。
当期塞雨干，宿昔齿疾瘳。
裴回虎穴上，面势龙泓头。
柴荆具茶茗，径路通林丘。
与子成二老，来往亦风流。

雨　晴

天水秋云薄，从西万里风。

第二章　身居秦州

今朝好晴景，久雨不妨农。
塞柳行疏翠，山梨结小红。
胡笳楼上发，一雁入高空。

遣　怀

愁眼看霜露，寒城菊自花。
天风随断柳，客泪堕清笳。
水净楼阴直，山昏塞日斜。
夜来归鸟尽，啼杀后栖鸦。

天　河

常时任显晦，秋至最分明。
纵被微云掩，终能永夜清。
含星动双阙，伴月落边城。

* * *

初　月

光细弦岂上，影斜轮未安。
微升古塞外，已隐暮云端。
河汉不改色，关山空自寒。
庭前有白露，暗满菊花团。

江湖客杜甫

促 织

促织甚微细,哀音何动人。
草根吟不稳,床下夜相亲。
久客得无泪,放妻难及晨。
悲丝与急管,感激异天真。

野 望

清秋望不极,迢遰起曾阴。
远水兼天净,孤城隐雾深。
叶稀风更落,山迥日初沉。
独鹤归何晚,昏鸦已满林。

从人觅小胡孙许寄

人说南州路,山猿树树悬。
举家闻若骇,为寄小如拳。
预哂愁胡面,初调见马鞭。
许求聪慧者,童稚捧应颠。

在秦州东南百里外的高山上,矗立着一座寺庙,以其壮丽的景色而闻名。杜甫在此作诗，用"秋毫"一词来凸显对周围环境的透彻洞察。他仿佛能看到兔子厚厚的皮毛下正生长出细密的绒毛，以迎接冬天的到来。

山 寺

(作于麦积山，位于秦州东南百里处，以其壮美景色而著称)

野寺残僧少，山园细路高。

麝香眠石竹，鹦鹉啄金桃。

乱水通人过，悬崖置屋牢。

上方重阁晚，百里见秋毫。

来自京城的消息自然也会渐渐传至秦州，人们听说宁国公主①守寡归来，不禁为她感到悲伤。十八个月前，年仅十四岁的公主远嫁中亚和亲，成为回纥可汗的新娘。这段离别的故事在本自传的第一卷中已有详细描述。

---

① 宁国公主：李氏，名字不详，唐朝时期公主，唐肃宗李亨次女。乾元元年（758年），嫁给参与平定安史之乱有功的回纥英武可汗，成为可敦（王后）。第二年，可汗去世，她返回长安。唐德宗即位后，改封萧国公主，后卒于家中。

江湖客杜甫

溪流过径，蜿蜒曲折

第二章 身居秦州

关于宁国公主归来之景,《旧唐书》中曾有记载:回纥官员提议将其活埋殉葬以陪伴其亡夫的灵魂通往另一个世界,公主坚决反对。她宣称,该礼法与中原礼仪相悖;而在其他方面则愿意遵循当地习俗。随后,她划破脸颊,鲜血直流,发出凄厉的哭喊。由于公主未有子嗣,最终得以获准回国,其父唐肃宗命百官于丹凤门①外迎其归来。

杜甫在听闻朝廷的消息后,不禁联想到宫中的宦官,遂以"腐草化萤"为喻,将这些祸国之辈比作"萤火虫"——中国人相信,萤火虫乃由腐草所生。

即 事

闻道花门破,和亲事却非。

人怜汉公主,生得渡河归。

秋思抛云髻,腰支胜宝衣。

群凶犹索战,回首意多违。

---

① 丹凤门:大唐帝国的大朝正宫大明宫的正南门,唐朝的国家象征,位于唐京师长安北侧,始建于唐高宗龙朔二年,城门上建有巍峨高大的丹凤楼。北与含元殿、宣政殿、紫宸殿遥相呼应,构成大明宫的中轴线,是唐朝皇帝出入宫城的主要通道,也是唐代皇帝二百多年间举行登基、改元、宣布大赦及举行宴会等外朝大典的重要政治场所。

萤 火

幸因腐草出，敢近太阳飞。
未足临书卷，时能点客衣。
随风隔幔小，带雨傍林微。
十月清霜重，飘零何处归。

与此同时，在这片边境高地上，众多西部族落汇聚于此，战争迹象逐渐显露。诚然，边疆部族表面上臣服于朝廷权威，但内心深处尚未归附。夜间，烽火狼烟发出的信号变幻莫测，闪烁夺目；白天，羌族及吐蕃族士卒横行衢路，恣睢跋扈。局势紧张，战云密布，杜甫厌倦了战争，心生退意，开始考虑向西南方向行进，前往红壤肥沃、稻田翠绿的川蜀之地。

寓 目

一县蒲萄熟，秋山苜蓿多。
关云常带雨，塞水不成河。
羌女轻烽燧，胡儿制骆驼。
自伤迟暮眼，丧乱饱经过。

第二章　身居秦州

日　暮

日落风亦起,城头乌尾讹。

黄云高未动,白水已扬波。

羌妇语还笑,胡儿行且歌。

将军别换马,夜出拥雕戈。

捣　衣

(士兵妻子一边为丈夫浣洗冬装,一边说道)

亦知戍不返,秋至拭清砧。

已近苦寒月,况经长别心。

宁辞捣衣倦,一寄塞垣深。

用尽闺中力,君听空外音。

空　囊

翠柏苦犹食,晨霞高可餐。

世人共卤莽,吾道属艰难。

不爨井晨冻,无衣床夜寒。

囊空恐羞涩,留得一钱看。

江湖客杜甫

病 马

乘尔亦已久,天寒关塞深。
尘中老尽力,岁晚病伤心。
毛骨岂殊众?驯良犹至今。
物微意不浅,感动一沉吟。

我曾提到过,远离一个战火纷飞、硝烟弥漫的国家似乎是件好事,但囊中羞涩时又该如何前行?

杜甫及其家人并非神仙,不能像西方极乐世界的世外高人那样,在"翠柏"和"晨霞"①的温养下生生不息。凡体肉身之人皆须寻求谋生之道。于是,杜甫坦率地请求居住在此处山间的侄子佐②"伸出援手",暂时为其提供物质帮助。

当我们读到这些诗句时,农先生兴致盎然,他说道:"杜甫这样的人很幸福,每家店铺、每个地方都好像是他自己的。我以前的老师杨四先生像极了杜甫。曾经有位要好的朋友问他:'你需要钱吗?'杨先生回答:'你应该知

---

① 出自杜甫《空囊》。——译者注
② 佐:杜甫的侄子杜佐,即诗题《示侄佐》中的"侄佐"。襄阳房殿中侍御史杜玮之子,官至大理正。——译者注

道我需要。'这位朋友回家后,因有事要处理,迟迟未能寄出承诺的两百元钱。最后等钱终于寄到,杨先生却因其延迟而勃然大怒,把钱扔得满屋都是。"

我必须承认,杨氏此举在我看来实在粗鄙无文。但农先生却认为,凡大儒硕学,原该受那些富而不智之辈供养,此乃天经地义;况且杨氏因友人怠慢而受窘迫,农先生对此倒颇表同情。

示侄佐

多病秋风落,君来慰眼前。
自闻茅屋趣,只想竹林眠。
满谷山云起,侵篱涧水悬。
嗣宗诸子侄,早觉仲容贤。

佐还山后寄三首

一

山晚浮云合,归时恐路迷。
涧寒人欲到,村黑鸟应栖。
野客茅茨小,田家树木低。
旧谙疏懒叔,须汝故相携。

二

白露黄粱熟,分张素有期。
已应春得细,颇觉寄来迟。
味岂同金菊,香宜配绿葵。
老人他日爱,正想滑流匙。

三

几道泉浇圃,交横慢落坡。
葳蕤秋叶少,隐映野云多。
隔沼连香芰,通林带女萝。
甚闻霜薤白,重惠意如何。

秋日阮隐居致薤三十束

隐者柴门内,畦蔬绕舍秋。
盈筐承露薤,不待致书求。
束比青刍色,圆齐玉箸头。
衰年关鬲冷,味暖并无忧。

第二章　身居秦州

别赞上人

百川日东流,客去亦不息。
我生苦漂荡,何时有终极。
赞公释门老,放逐来上国。
还为世尘婴,颇带憔悴色。
杨枝晨在手,豆子雨已熟。
是身如浮云,安可限南北。
异县逢旧友,初忻写胸臆。
天长关塞寒,岁暮饥冻逼。
野风吹征衣,欲别向曛黑。
马嘶思故枥,归鸟尽敛翼。

*　*　*

古来聚散地,宿昔长荆棘。
相看俱衰年,出处各努力。

江湖客杜甫

第三章 转赴同谷

自秦州赴同谷途中，同谷为一小村，位于秦州城西南二百六十五里，仍属秦州辖境。

乾元二年（猪年），冬季，公元759年

《杜诗镜铨》卷七

山路陡峭难行，雨水连绵不断，杜甫心情也十分低落，尽管他心中描绘的同谷画面十分美好。他在路上还写下一首关于制盐的诗，自古以来，制盐一直是中国官方的垄断行业。然而无论身份高低贵贱，人人都想通过贩盐获利。记得我住在中国时，坐船旅行时复杂微妙，因为船夫总是试图将盐偷运过海关。杜甫提到的"斗"大约相当于十干品脱，而一"斛"则是十斗，相当于一百干品脱。显而易见，在近一千两百年前的那个时代，贩盐给个人带来了不菲收益。一位愤世嫉俗的评论者曾说道："杜甫何必为此而叹息呢？人们趋利而行本无可厚非，实属正常现象。"诗中提到的石龛，是佛教徒虔诚雕刻在岩石中供奉佛像的小石阁。战争的阴影再次笼罩在杜甫心头——用于制造箭矢的短竹几乎消耗殆尽,但需求却丝毫未减。

发秦州

我衰更懒拙,生事不自谋。
无食问乐土,无衣思南州。
汉源十月交,天气凉如秋。
草木未黄落,况闻山水幽。
栗亭名更佳,下有良田畴。
充肠多薯蓣,崖蜜亦易求。
密竹复冬笋,清池可方舟。
虽伤旅寓远,庶遂平生游。

* * *

此邦俯要冲,实恐人事稠。
应接非本性,登临未销忧。
溪谷无异石,塞田始微收。
岂复慰老夫,惘然难久留。

* * *

日色隐孤戍,乌啼满城头。
中宵驱车去,饮马寒塘流。

磊落星月高,苍茫云雾浮。
大哉乾坤内,吾道长悠悠。

赤 谷

天寒霜雪繁,游子有所之。
岂但岁月暮,重来未有期。
晨发赤谷亭,险艰方自兹。
乱石无改辙,我车已载脂。
山深苦多风,落日童稚饥。
悄然村墟迥,烟火何由追。
贫病转零落,故乡不可思。
常恐死道路,永为高人嗤。

盐 井

卤中草木白,青者官盐烟。
官作既有程,煮盐烟在川。
汲井岁榾榾,出车日连连。
自公斗三百,转致斛六千。
君子慎止足,小人苦喧阗。
我何良叹嗟,物理固自然。

第三章　转赴同谷

法镜寺

身危适他州，勉强终劳苦。
神伤山行深，愁破崖寺古。
婵娟碧鲜净，萧摵寒箨聚。
回回山根水，冉冉松上雨。
泄云蒙清晨，初日翳复吐。
朱甍半光炯，户牖粲可数。
拄策忘前期，出萝已亭午。
冥冥子规叫，微径不复取。

石龛

熊罴哮我东，虎豹号我西。
我后鬼长啸，我前狨又啼。
天寒昏无日，山远道路迷。
驱车石龛下，仲冬见虹霓。
伐竹者谁子，悲歌上云梯。
为官采美箭，五岁供梁齐。
苦云直箐尽，无以充提携。
奈何渔阳骑，飒飒惊烝黎。

江湖客杜甫

泥功山

朝行青泥上，暮在青泥中。
泥泞非一时，版筑劳人功。
不畏道途永，乃将汩没同。
白马为铁骊，小儿成老翁。
哀猿透却坠，死鹿力所穷。
寄语北来人，后来莫匆匆。

七　歌

　　然而，杜甫当时心中描述的美好画面竟与同谷的现实大相径庭。本以为在此地会迎来丰年安居，谁知等待他们的却是饥荒。杜甫在《七歌》中描述了无尽的饥饿和乡愁。他有兄弟四人——杜颖、杜观、杜丰、杜占。虽未明言，但杜占很可能随行在侧（我们稍后会在蜀地听闻他的消息），而那位寡居的妹妹则留在民风未开的安徽，当地百姓甚至惯于靴中插刀。

　　农先生说："《七歌》是一条线贯穿始终，不能割裂来看。第一首歌呈现总体意义，后面几首则从微观细节进行展开。杜甫提到狙公①用橡子喂养猴子,而他则需要用橡子维持自己家人的性命,甚至自己也要吃橡子。是的,他的确很可怜。爱诗客②知道我们中国人眼中最为可怜的四种人吗?他们是鳏夫、寡妇、孤儿和没有志同道合朋友相伴的孤独之人。"然后,先生为我吟诵了《七歌》——那是一次愉快的体验。这些诗歌的节奏非常优美,而《七歌》本身也深受中国文人的赞赏。

乾元中寓居同谷县作歌七首

一

有客有客字子美,白头乱发垂过耳。

岁拾橡栗随狙公,天寒日暮山谷里。

中原无书归不得,手脚冻皴皮肉死。

呜呼一歌兮歌已哀,悲风为我从天来。

---

① 狙公:养狙之人。出自《庄子·齐物论》:狙公赋芧。狙,猕猴;芧,橡子。该词于下文《乾元中寓居同谷县作歌七首》(其一)中出现。——译者注

② 爱诗客:本书作者"艾思柯"的谐音。作者以此自称,表达对中国诗歌的热爱。——译者注

二

长镵长镵白木柄,我生托子以为命。
黄独无苗山雪盛,短衣数挽不掩胫。
此时与子空归来,男呻女吟四壁静。
呜呼二歌兮歌始放,邻里为我色惆怅。

三

有弟有弟在远方,三人各瘦何人强。
生别展转不相见,胡尘暗天道路长。
东飞䴔鹅后鹙鸧,安得送我置汝旁。
呜呼三歌兮歌三发,汝归何处收兄骨。

四

有妹有妹在钟离,良人早殁诸孤痴。
长淮浪高蛟龙怒,十年不见来何时。
扁舟欲往箭满眼,杳杳南国多旌旗。
呜呼四歌兮歌四奏,林猿为我啼清昼。

五

四山多风溪水急,寒雨飒飒枯树湿。

第三章 转赴同谷

黄蒿古城云不开,白狐跳梁黄狐立。
我生何为在穷谷,中夜起坐万感集。
呜呼五歌兮歌正长,魂招不来归故乡。

六

南有龙兮在山湫,古木巃嵸枝相樛。
木叶黄落龙正蛰,蝮蛇东来水上游。
我行怪此安敢出,拔剑欲斩且复休。
呜呼六歌兮歌思迟,溪壑为我回春姿。

七

男儿生不成名身已老,三年饥走荒山道。
长安卿相多少年,富贵应须致身早。
山中儒生旧相识,但话宿昔伤怀抱。
呜呼七歌兮悄终曲,仰视皇天白日速。

江湖客杜甫

第四章 甘肃至四川成都（锦城）途中

乾元二年（猪年）腊月，自陇山赴四川纪行

中国的农历年份比我们的阳历要晚一些，故此段时间相当于公元 760 年初

《杜诗镜铨》卷七

据杜甫书中记载，腊月初一，他和家人在同谷停留不到一个月后便离开了这里。

我已进行详尽的调查，却未能发现有任何欧洲旅行者曾走过杜甫眼前这片未知的中国土地。连接西安与西部地区的主要道路，分别通往秦岭的北部和南部，而杜甫必须穿越这道令人畏惧的天险，突破艰难险阻，穿越崇山峻岭。杜甫在出发前，联想起了两位先哲圣贤——墨子（注重道德）和孔子（至圣先师），他们二人也曾因颠沛流离而背井离乡。可以理解，杜甫一家怀着忐忑不安的心情，踏上了这段充满未知的旅程。

中国的历史和文学中有许多关于这一危险地形的典故。在这里，人们时而沿着湍急的河流绕个不停，时而攀

第四章 甘肃至四川成都(锦城)途中

上令人眩晕的高峰。农先生说:"这条道路极为不易,异常艰险!杜甫的描述已经足够生动,无需我们多言。他惊叹于'众星乾'①之时,我们知道他已长时间埋头赶路,只能从某个深谷的水面上看到星辰的倒影;直到现在他才站到

西安至成都要道

足够高的位置真正看到天空。这些高山,这些峡谷,都是天设的屏障。蜀地的人们怎会了解四海之内的兄弟们?"

---

① 出自杜甫《水会渡》:"迥眺积水外,始知众星乾。"——译者注

江湖客杜甫

确实,蜀地(四川)这些包头巾的人们几乎是一个与世隔绝的独立族群。

气势雄伟的五盘岭,横亘于中国地图之上。正如杜甫在《五盘》一诗中所述,他惊奇地发现,"水至清则无鱼"的理论在此地并不成立,尽管中国人对此深信不疑。杜甫还对砂岩峭壁中凿出的居所感到意外,同样在这首诗中,他以象征手法提到仍在进行叛乱活动的叛军首领史思明,称他为"猾"①——即一种无骨的怪兽,能进入老虎体内并以老虎为食!这些"老虎"自然指的是朝廷的军队。

若说"五盘"地势奇险,则"剑门"更甚。此处有一条阁道②,由原木嵌于悬崖峭壁之中而形成,绵延三十里(约十英里)。《一统志》③对这一著名险道描述如下:

> 蜀所恃为外户。其山峭壁中断,两崖相嵌,如门之辟,如剑之植,故又名剑门山。

---

① 出自杜甫《五盘》:"东郊尚格斗,巨猾何时除。"——译者注
② 《旧唐书》:剑州剑门县界大剑山,即梁山也,其北三十里有小剑山;大剑山有阁道三十里。——译者注
③ 《一统志》:大剑山,在保宁府剑州北二十五里,蜀所恃为外户;其山峭壁中断,两崖相嵌,如门之辟,如剑之植,故又名剑门山。——译者注

第四章 甘肃至四川成都（锦城）途中

翻越了剑门山险关后，杜甫一行进入了昭化，在那里他们遇上了一条著名的主干道，这条路沿着秦岭南麓，穿过汉中和广元，通向四川的成都。此路是从陕西西安到四川成都的主要干道，同时也是连接中国内陆与西藏的重要通道。

或许旅行者们此刻得以迅速前行，杜甫因此少有时间思考，或是这条山路主干道显得太过寻常，无需赘述。无论如何，有关此行的诗作仅留下一首。此诗写于距离成都不远的鹿头山，这里是一段从山脉山脊向成都平原过渡的陡坡区域。农先生感叹道："杜甫由赤谷涉入险境，于鹿头山化险为夷！"

发同谷县

贤有不黔突，圣有不暖席。

况我饥愚人，焉能尚安宅。

始来兹山中，休驾喜地僻。

奈何迫物累，一岁四行役。

忡忡去绝境，杳杳更远适。

停骖龙潭云，回首白崖石。

临岐别数子，握手泪再滴。

交情无旧深，穷老多惨戚。
平生懒拙意，偶值栖遁迹。
去住与愿违，仰惭林间翮。

白沙渡

甘肃成州渡嘉陵江

畏途随长江，渡口下绝岸。
差池上舟楫，杳窕入云汉。
天寒荒野外，日暮中流半。
我马向北嘶，山猿饮相唤。
水清石礧礧，沙白滩漫漫。
迥然洗愁辛，多病一疏散。

（下船）

高壁抵嶻嶭，洪涛越凌乱。
临风独回首，揽辔复三叹。

水会渡

嘉陵江东岸，靠近四川境内略阳

（河畔）

山行有常程，中夜尚未安。

第四章　甘肃至四川成都（锦城）途中

微月没已久,崖倾路何难。

大江动我前,汹若溟渤宽。

篙师暗理楫,歌笑轻波澜。

霜浓木石滑,风急手足寒。

入舟已千忧,陟巘仍万盘。

（山顶）

迥眺积水外,始知众星乾。

飞仙阁

略阳县东南四十里

土门山行窄,微径缘秋毫。

栈云阑干峻,梯石结构牢。

万壑欹疏林,积阴带奔涛。

寒日外澹泊,长风中怒号。

歇鞍在地底,始觉所历高。

往来杂坐卧,人马同疲劳。

浮生有定分,饥饱岂可逃。

叹息谓妻子,我何随汝曹。

江湖客杜甫

五 盘

广元县北一百七十里,四川边界附近

五盘虽云险,山色佳有馀。

仰凌栈道细,俯映江木疏。

地僻无网罟,水清反多鱼。

好鸟不妄飞,野人半巢居。

喜见淳朴俗,坦然心神舒。

东郊尚格斗,巨猾何时除。

故乡有弟妹,流落随丘墟。

成都万事好,岂若归吾庐。

剑 门

剑门县北三十里

唯天有设险,剑门天下壮。

连山抱西南,石角皆北向。

两崖崇墉倚,刻画城郭状。

一夫怒临关,百万未可傍。

* * *

珠玉走中原,岷峨气凄怆。

第四章　甘肃至四川成都（锦城）途中

剑门山梯田公路

三皇五帝前,鸡犬各相放。
后王尚柔远,职贡道已丧。
至今英雄人,高视见霸王。
并吞与割据,极力不相让。
吾将罪真宰,意欲铲叠嶂!
恐此复偶然,临风默惆怅。

鹿头山

成都北百五十里德阳县

鹿头何亭亭,是日慰饥渴。
连山西南断,俯见千里豁。
游子出京华,剑门不可越。
及兹险阻尽,始喜原野阔。
殊方昔三分,霸气曾间发。
天下今一家,云端失双阙。
悠然想扬马,继起名碑兀。
有文令人伤,何处埋尔骨。

* * *

第四章　甘肃至四川成都（锦城）途中

杜甫自称农夫，头戴尖顶草帽

江湖客杜甫

杜甫草堂遗址工部祠远景

第五章　身居成都

乾元三年（鼠年）初，抵达成都。公元760年。在当年闰四月，改年号为上元。

《杜诗镜铨》卷七、八、九

杜甫的目光从奇异壮丽的山峰之间向下望去，看到成都平原缓缓倾斜而下，毫无疑问，这里曾是史前湖泊的湖床。平原四周群山环绕，北部和西部山脉层峦叠嶂，越发高耸，构成了"世界屋脊"青藏高原的东部屏障。低矮山脉则陡然下降，山间的小径穿过峡谷，或顺着石阶蜿蜒而下。

成都平原是一片富饶的红砂岩地区，南北长七十英里，东西宽三十英里，占地约两千一百平方英里，最北比最南海拔高出约七百英尺。平原上土地肥沃，人口密集，溪流清澈，纵横交错。如今，据说有五百万人生活在这片肥沃的红色大地之上，那里盛产"五谷"，花果繁茂，几乎没有一寸荒地。初春时节，杜甫及家眷抵达此地，大地覆盖上一层翡翠般的绿色薄纱，这片生机勃勃的绿地与蜀地特有的亮灰色天空相得益彰。

成都,为四川首府,位于岷江的一条支流上,自古以来就是一座非常重要的城市。杜甫计划在此安顿下来。我们翻阅了他关于成都的诗篇,农先生立刻指出:"桑树和榆树种在花园西侧,因此它们象征日落。杜甫意识到自己已

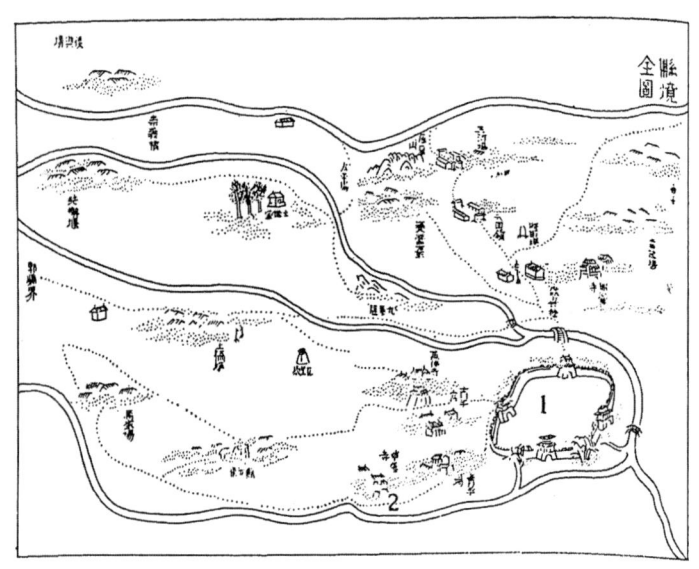

《成都府志》草图

年过半百,觉得这微弱的夕阳映照了他的风烛残年。虽然他身体年迈且身处流亡之地,但我们不能忘了杜甫也曾任朝廷官员,因此成都当地官员会对他有所关照。"这种照

第五章 身居成都

顾确实存在,杜甫得到了位于城西的一片官田,在那里,靠近浣花溪的河岸边,他建造了"草堂"。如今,草堂成为杜甫的同胞们心目中的朝圣之地,吸引无数游客前往。

杜甫草堂,现为杜甫纪念祠堂

即使囊中羞涩,建房造屋也并非难事,只要能够左右逢源,寻求帮助。杜甫也正是这样做的;农先生觉得这再自然不过了。首先,他为房屋"占卜",这种特定仪式需

要风水先生和精密的罗盘协助;接着,他作了几首动人的诗,向各位官员求助,左一笔、右一笔,获得了不同的物资。杜甫的堂兄弟、县令王十五也慷慨相助。于是,到三月份,草堂顺利完工。

成都府

翳翳桑榆日,照我征衣裳。
我行山川异,忽在天一方。
但逢新人民,未卜见故乡。
大江东流去,游子日月长。
曾城填华屋,季冬树木苍。
喧然名都会,吹箫间笙簧。
信美无与适,侧身望川梁。

* * *

卜 居

浣花溪水水西头,主人为卜林塘幽。
已知出郭少尘事,更有澄江销客愁。
无数蜻蜓齐上下,一双鸂鶒对沉浮。
东行万里堪乘兴,须向山阴上小舟。

第五章　身居成都

成都附近杜甫草堂遗址工部祠神龛中的杜甫木雕像

王十五司马弟出郭相访兼遗营草堂资

客里何迁次，江边正寂寥。

肯来寻一老，愁破是今朝。

忧我营茅栋，携钱过野桥。

他乡唯表弟，还往莫辞遥。

江湖客杜甫

萧八明府堤处觅桃栽

奉乞桃栽一百根,春前为送浣花村。
河阳县里虽无数,濯锦江边未满园。

从韦二明府续处觅绵竹

华轩蔼蔼他年到,绵竹亭亭出县高。
江上舍前无此物,幸分苍翠拂波涛。

凭何十一少府邕觅桤木栽

草堂堑西无树林,非子谁复见幽心。
饱闻桤木三年大,与致溪边十亩阴。

凭韦少府班觅松树子

落落出群非榉柳,青青不朽岂杨梅。
欲存老盖千年意,为觅霜根数寸栽。

又于韦处乞大邑瓷碗

大邑烧瓷轻且坚,扣如哀玉锦城传。
君家白碗胜霜雪,急送茅斋也可怜。

第五章　身居成都

诣徐卿觅果栽

草堂少花今欲栽,不问绿李与黄梅。
石笋街中却归去,果园坊里为求来。

堂　成

背郭堂成荫白茅,缘江路熟俯青郊。
桤林碍日吟风叶,笼竹和烟滴露梢。
暂止飞乌将数子,频来语燕定新巢。
旁人错比扬雄宅,懒惰无心作解嘲。

上元元年(鼠年)至上元二年(牛年),居草堂。

公元760年至761年

杜甫所建草堂位于成都城西南,坐落在碧鸡坊①外的旷野之上。《成都记》准确记载了其位置:"万里桥南,百花潭北②,浣花溪旁。"从此处望去,景色十分壮观。若干年后,杜甫永远离开了草堂,回顾当年居住的地方,他在诗中描绘了那里的景致,其中有一句是:

---

① 出自杜甫《西郊》:"时出碧鸡坊,西郊向草堂。"——译者注
② 出自杜甫《怀锦水居止二首》:"万里桥南宅,百花潭北庄。"——译者注

江湖客杜甫

雪岭界天白。①

在浣花溪旁草堂生活期间,志趣相投的邻里很少,来访客人也寥寥无几,起初,倦怠之感常笼罩在杜甫心头。这并不奇怪。公元756年春,为了躲避安禄山叛乱的雷霆风暴,他将家人安置于陕西北部,自己则重新南下直面狂风暴雨的局势。从那时起,他一直紧缩眉头,咬紧牙关,尽自己所能使妻儿免受饥饿之苦,尽管这并非完全成功——有一个孩子在饥饿中去世。在草堂的这段时间,杜甫首次提到他患上了肺痨,这是他晚年众多病痛中的一种。然而,尽管身体健康逐渐恶化,他依然在浣花溪畔找到了许多快乐。他自称为"农夫",并戴着斗笠,遮阳避暑。这个斗笠在许多他的画像中都有体现。在我自己位于黄滩草堂的大门上,他的小像也戴着这种独特的斗笠。我们选用它时,农先生说道:"每个路过的人看到这个形象都会知道那是诗人杜甫。没有其他学者会戴这样的帽子。"也是在这个时候,他陪伴妻子和孩子们一起度过了漫长的

---

① 出自杜甫《怀锦水居止二首》:"雪岭界天白,锦城曛日黄。"——译者注

第五章 身居成都

户外时光。虽然杜甫作为一位中国士大夫从不直接谈论妻子,但他在许多诗中以微妙的暗示表达了对她的深情。他称妻子为"老妻"①,这是一种礼貌的爱称,正如《进艇》一诗的五六句便是对他们夫妻之爱的温柔表露。至于孩子们,尤其是幼儿骥子——他称作"小骥",杜甫对其满怀疼爱。

当历经华州艰险的疲惫之感消退之后,杜甫曾于附近名胜古迹小游一二。例如,他陪同官员李某去新津视察竹桥的建造情况,以使"往来之人免冬寒入水"②,并作诗两首以表纪念,在此我没有引述。四川的竹桥远近闻名,跨越令人眩晕的险峻地带,桥下的流水奔腾不息。此外,杜甫还传信至三十多英里外的彭州,邀其驻守在那里的旧友高适会面。除此之外,杜甫默默地度过了接下来十二个月的隐居疗愈岁月。

梅 雨

南京犀浦道,四月熟黄梅。

---

① 出自杜甫《进艇》:"昼引老妻乘小艇,晴看稚子浴清江。俱飞蛱蝶元相逐,并蒂芙蓉本自双。"——译者注

② 出自杜甫《陪李七司马皂江上观造竹桥,即日成,往来之人免冬寒入水,聊题短作,简李公二首》。——译者注

湛湛长江去,冥冥细雨来。

茅茨疏易湿,云雾密难开。

竟日蛟龙喜,盘涡与岸回。

为 农

锦里烟尘外,江村八九家。

圆荷浮小叶,细麦落轻花。

卜宅从兹老,为农去国赊。

* * *

四川竹桥凌空飞架惊心动魄

第五章　身居成都

有　客

患气经时久,临江卜宅新。
喧卑方避俗,疏快颇宜人。
有客过茅宇,呼儿正葛巾。
自锄稀菜甲,小摘为情亲。

宾　至

幽栖地僻经过少,老病人扶再拜难。
岂有文章惊海内?漫劳车马驻江干。
竟日淹留佳客坐,百年粗粝腐儒餐。
不嫌野外无供给,乘兴还来看药栏。

狂　夫

万里桥西一草堂,百花潭水即沧浪。
风含翠筿娟娟净,雨裛红蕖冉冉香。
厚禄故人书断绝,恒饥稚子色凄凉。
欲填沟壑唯疏放,自笑狂夫老更狂。

田　舍

田舍清江曲,柴门古道旁。

草深迷市井,地僻懒衣裳。
榉柳枝枝弱,枇杷树树香。
鸬鹚西日照,晒翅满鱼梁。

江 村

清江一曲抱村流,长夏江村事事幽。
自去自来梁上燕,相亲相近水中鸥。
老妻画纸为棋局,稚子敲针作钓钩。
但有故人供禄米,微躯此外更何求?

江 涨

江涨柴门外,儿童报急流。
下床高数尺,倚杖没中洲。
细动迎风燕,轻摇逐浪鸥。
渔人萦小楫,容易拔船头。

野 老

野老篱前江岸回,柴门不正逐江开。
渔人网集澄潭下,贾客船随返照来。

第五章 身居成都

戏题王宰画山水图歌

十日画一水,五日画一石。
能事不受相促迫,王宰始肯留真迹。
壮哉昆仑方壶图,挂君高堂之素壁。
巴陵洞庭日本东,赤岸水与银河通,中有云气随飞龙。
舟人渔子入浦溆,山木尽亚洪涛风。
尤工远势古莫比,咫尺应须论万里。
焉得并州快剪刀,剪取吴淞半江水。

南 邻

锦里先生乌角巾,园收芋粟未全贫。
惯看宾客儿童喜,得食阶除鸟雀驯。
秋水才深四五尺,野航恰受两三人。
白沙翠竹江村暮,相对柴门月色新。

因崔五侍御寄高彭州

百年已过半,秋至转饥寒。
为问彭州牧,何时救急难。

江湖客杜甫

奉简高三十五使君

当代论才子,如公复几人。
骅骝开道路,鹰隼出风尘。
行色秋将晚,交情老更亲。
天涯喜相见,披豁对吾真。

村　夜

萧萧风色暮,江头人不行。
村舂雨外急,邻火夜深明。
胡羯何多难,渔樵寄此生。
中原有兄弟,万里正含情。

寄赠王十将军承俊

将军胆气雄,臂悬两角弓。
缠结青骢马,出入锦城中。
时危未授钺,势屈难为功。
宾客满堂上,何人高义同。

奉酬李都督表丈早春作

力疾坐清晓,来诗悲早春。

转添愁伴客,更觉老随人。
红入桃花嫩,青归柳叶新。
望乡应未已,四海尚风尘。

西 郊

时出碧鸡坊,西郊向草堂。
市桥官柳细,江路野梅香。
傍架齐书帙,看题减药囊。
无人觉来往,疏懒意何长。

客 至

舍南舍北皆春水,但见群鸥日日来。
花径不曾缘客扫,蓬门今始为君开。
盘飧市远无兼味,樽酒家贫只旧醅。
肯与邻翁相对饮,隔篱呼取尽余杯。

春夜喜雨

好雨知时节,当春乃发生。
随风潜入夜,润物细无声。
野径云俱黑,江船火独明。
晓看红湿处,花重锦官城。

江湖客杜甫

春水生

一夜水高二尺强,数日不可更禁当。
南市津头有船卖,无钱即买系篱旁。

水槛遣心

去郭轩楹敞,无村眺望赊。
澄江平少岸,幽树晚多花。
细雨鱼儿出,微风燕子斜。
城中十万户,此地两三家。

暮登四安寺钟楼寄裴十迪

暮倚高楼对雪峰,僧来不语自鸣钟。
孤城返照红将敛,近市浮烟翠且重。
多病独愁常阒寂,故人相见未从容。
知君苦思缘诗瘦,大向交游万事慵。

江 亭

坦腹江亭暖,长吟野望时。
水流心不竞,云在意俱迟。

寂寂春将晚,欣欣物自私。
故林归未得,排闷强裁诗。

早 起

春来常早起,幽事颇相关。
帖石防隤岸,开林出远山。
一丘藏曲折,缓步有跻攀。
童仆来城市,瓶中得酒还。

落 日

落日在帘钩,溪边春事幽。
芳菲缘岸圃,樵爨倚滩舟。
啅雀争枝坠,飞虫满院游。
浊醪谁造汝,一酌散千忧。

可 惜

花飞有底急,老去愿春迟。
可惜欢娱地,都非少壮时。
宽心应是酒,遣兴莫过诗。
此意陶潜解,吾生后汝期。

徐 步

整履步青芜,荒庭日欲晡。
芹泥随燕觜,花蕊上蜂须。
把酒从衣湿,吟诗信杖扶。
敢论才见忌,实有醉如愚。

寒 食

寒食节于春季清明举行。当日不能出现烟火,因此必须提前备好食物。

寒食江村路,风花高下飞。
汀烟轻冉冉,竹日静晖晖。
田父要皆去,邻家闹不违。
地偏相识尽,鸡犬亦忘归。

高 楠

楠树色冥冥,江边一盖青。
近根开药圃,接叶制茅亭。
落景阴犹合,微风韵可听。
寻常绝醉困,卧此片时醒。

第五章 身居成都

江畔独步寻花七绝句

一

江上被花恼不彻,无处告诉只颠狂。
走觅南邻爱酒伴,经旬出饮独空床。

三

江深竹静两三家,多事红花映白花。
报答春光知有处,应须美酒送生涯。

绝句漫兴九首

一

眼见客愁愁不醒,无赖春色到江亭。
即遣花开深造次,便教莺语太丁宁。

二

手种桃李非无主,野老墙低还似家。
恰似春风相欺得,夜来吹折数枝花。

三

熟知茅斋绝低小,江上燕子故来频。
衔泥点污琴书内,更接飞虫打着人。

江湖客杜甫

四

二月已破三月来,渐老逢春能几回。
莫思身外无穷事,且尽生前有限杯。

五

肠断江春欲尽头,杖藜徐步立芳洲。
颠狂柳絮随风去,轻薄桃花逐水流。

六

懒慢无堪不出村,呼儿日在掩柴门。
苍苔浊酒林中静,碧水春风野外昏。

七

糁径杨花铺白毡,点溪荷叶叠青钱。
笋根雉子无人见,沙上凫雏傍母眠。

八

舍西柔桑叶可拈,江畔细麦复纤纤。
人生几何春已夏,不放香醪如蜜甜。

第五章 身居成都

九

隔户杨柳弱袅袅,恰似十五女儿腰。
谓谁朝来不作意,狂风挽断最长条。

进 艇

南京久客耕南亩,北望伤神坐北窗。
昼引老妻乘小艇,晴看稚子浴清江。
俱飞蛱蝶元相逐,并蒂芙蓉本自双。
茗饮蔗浆携所有,瓷罂无谢玉为缸。

送裴五赴东川

故人亦流落,高义动乾坤。
何日通燕塞,相看老蜀门。
东行应暂别,北望苦销魂。
凛凛悲秋意,非君谁与论。

楠树为风雨所拔叹

倚江楠树草堂前,故老相传二百年。
诛茅卜居总为此,五月仿佛闻寒蝉。
东南飘风动地至,江翻石走流云气。

江湖客杜甫

干排雷雨犹力争,根断泉源岂天意。

* * *

沧波老树性所爱,浦上童童一青盖。
野客频留惧雪霜,行人不过听竽籁。
虎倒龙颠委榛棘,泪痕血点垂胸臆。
我有新诗何处吟,草堂自此无颜色。

茅屋为秋风所破歌

八月秋高风怒号,卷我屋上三重茅。

茅飞渡江洒江郊,高者挂胃长林梢,下者飘转沉塘坳。

南村群童欺我老无力,忍能对面为盗贼。

公然抱茅入竹去,唇焦口燥呼不得,归来倚杖自叹息。

俄顷风定云墨色,秋天漠漠向昏黑。

布衾多年冷似铁,娇儿恶卧踏里裂。

床头屋漏无干处,雨脚如麻未断绝。

自经丧乱少睡眠,长夜沾湿何由彻!

安得广厦千万间,大庇天下寒士俱欢颜。

风雨不动安如山!

呜呼,何时眼前突兀见此屋,吾庐独破受冻死亦足!

第五章　身居成都

重简王明府

甲子西南异，冬来只薄寒。

江云何夜尽，蜀雨几时干。

行李须相问，穷愁岂有宽。

君听鸿雁响，恐致稻粱难。

百忧集行

忆年十五心尚孩，健如黄犊走复来。

庭前八月梨枣熟，一日上树能千回。

即今倏忽已五十，坐卧只多少行立。

强将笑语供主人，悲见生涯百忧集。

入门依旧四壁空，老妻睹我颜色同。

痴儿不知父子礼，叫怒索饭啼门东。

赠花卿

（花卿在蜀颇僭用天子礼乐，子美作此讥之）[①]

锦城丝管日纷纷，半入江风半入云。

[①] 杨升庵曰：花卿在蜀颇僭用天子礼乐，子美作此讥之，而意在言外，最得诗人之旨。——《杜诗镜铨》注

此曲只应天上有,人间能得几回闻。

病 橘

群橘少生意,虽多亦奚为。

惜哉结实小,酸涩如棠梨。

剖之尽蠹虫,采掇爽其宜。

纷然不适口,岂只存其皮。

萧萧半死叶,未忍别故枝。

玄冬霜雪积,况乃回风吹。

尝闻蓬莱殿,罗列潇湘姿。

* * *

所思(得台州郑司户虔消息)

致流亡台州的故友郑虔

郑老身仍窜,台州信所传。

为农山涧曲,卧病海云边。

世已疏儒素,人犹乞酒钱。

徒劳望牛斗,无计剸龙泉。

第五章　身居成都

不　见

致流亡南方的李太白

不见李生久,佯狂真可哀。
世人皆欲杀,吾意独怜才。
敏捷诗千首,飘零酒一杯。
匡山读书处,头白好归来。

草堂即事

荒村建子月,独树老夫家。
雾里江船渡,风前径竹斜。
寒鱼依密藻,宿鹭起圆沙。
蜀酒禁愁得,无钱何处赊。

上元二年(牛年)末至宝应元年(虎年)春,
年号废止的五个月期间,居于草堂。公元761年至762年

上元二年十一月,唐肃宗试图建立一个新的和平时代,废除以往所有年号,宣布新纪年重新开始,称此年为"元年"——起始之年。不久前,他任命严武为西川节

江湖客杜甫

度使。严武是杜甫旧友严挺之的儿子,才华横溢但性格古怪,二人都在京城时,严武曾与杜甫有过密切交往。

然而,"元年"仅持续了五个月,肃宗便驾崩离去,其子李豫登基上位,称为代宗皇帝,重新改年号为"宝应"。

到达成都后,严武即刻写信劝说杜甫放弃隐居生活,并声称他本人要亲自拜访草堂。尽管王朝的新纪元尚未到来,对于浣花溪边的"农夫"杜甫来说,生活却仿佛进入了一个新阶段。随着精力逐渐恢复,他开始厌倦乡野生活,怀念起昔日在朝廷的时光。他与严武互赠诗作,虽然杜甫尚未明确承诺出仕,但他接受了这位显赫人物的友好提议。

屏　迹

晚起家何事,无营地转幽。

竹光团野色,舍影漾江流。

失学从儿懒,长贫任妇愁。

百年浑得醉,一月不梳头。

少年行

马上谁家薄媚郎,临阶下马坐人床。

不通姓字粗豪甚,指点银瓶索酒尝。

第五章　身居成都

即　事

百宝装腰带，真珠络臂鞲。

笑时花近眼，舞罢锦缠头。

寄题杜二锦江野亭

严武

漫向江头把钓竿，懒眠沙草爱风湍。

莫倚善题鹦鹉赋，何须不著鵕鸃冠。

腹中书籍幽时晒，时后医方静处看。

兴发会能驰骏马，终当直到使君滩。

奉酬严公寄题野亭之作

拾遗曾奏数行书，懒性从来水竹居。

奉引滥骑沙苑马，幽栖真钓锦江鱼。

谢安不倦登临费，阮籍焉知礼法疏。

枉沐旌麾出城府，草茅无径欲教锄。

遭田父泥饮美严中丞

步屧随春风，村村自花柳。

112　　田翁逼社日,邀我尝春酒。

酒酣夸新尹,畜眼未见有。

回头指大男,渠是弓弩手。

名在飞骑籍,长番岁时久。

前日放营农,辛苦救衰朽。

差科死则已,誓不举家走。

今年大作社,拾遗能住否。

叫妇开大瓶,盆中为吾取。

感此气扬扬,须知风化首。

113　　语多虽杂乱,说尹终在口。

朝来偶然出,自卯将及酉。

久客惜人情,如何拒邻叟。

高声索果栗,欲起时被肘。

指挥过无礼,未觉村野丑。

月出遮我留,仍嗔问升斗。

中丞严公雨中垂寄见忆一绝,奉答二绝

一

雨映行宫辱赠诗,元戎肯赴野人期。

114　　江边老病虽无力,强拟晴天理钓丝。

二

何日雨晴云出溪，白沙青石先无泥。
只须伐竹开荒径，倚杖穿花听马嘶。

谢严中丞送青城山道士乳酒一瓶

山瓶乳酒下青云，气味浓香幸见分。
鸣鞭走送怜渔父，洗盏开尝对马军。

野人送朱樱

西蜀樱桃也自红，野人相赠满筠笼。
数回细写愁仍破，万颗匀圆讶许同。
忆昨赐沾门下省，退朝擎出大明宫。
金盘玉箸无消息，此日尝新任转蓬。

严公仲夏枉驾草堂，兼携酒馔，得寒字

竹里行厨洗玉盘，花边立马簇金鞍。
非关使者征求急，自识将军礼数宽。
百年地辟柴门迥，五月江深草阁寒。
看弄渔舟移白日，老农何有罄交欢。

江湖客杜甫

严公厅宴，同咏蜀道画图，得空字

日临公馆静，画满地图雄。
剑阁星桥北，松州雪岭东。
华夷山不断，吴蜀水相通。
兴与烟霞会，清樽幸不空。

溪 涨

当时浣花桥，溪水才尺馀。
白石明可把，水中有行车。
秋夏忽泛溢，岂惟入吾庐。
蛟龙亦狼狈，况是鳖与鱼。
兹晨已半落，归路跬步疏。
马嘶未敢动，前有深填淤。
青青屋东麻，散乱床上书。
不意远山雨，夜来复何如。
我游都市间，晚憩必村墟。
乃知久行客，终日思其居。

牛年末，严武率军队顺流而下驻扎于成都平原的盆地；不久，虎年伊始，严武的部队不得不再次攀上群山。

第五章　身居成都

高官必须前往朝拜新登基的天子，行叩头大礼。

边疆部族欲起兵叛乱，尽管此行艰险重重，然而严武义不容辞，终于在这一年的秋季整装待发开始动身。杜甫陪同严武的军队行至绵州边界。农先生热情洋溢地描述道，在王朝时代，国家官员时常率领一支庞大的军队。我也经常看到此番场景：无数士兵排成长队，有步兵，有骑兵，有的举着幡旗或旌帜，有的拿着火把或灯笼，火光几乎将周围村庄连成一片。

在奉济驿站，杜甫告别严武，只身前往梓州（今潼川）①。这是一段危险的旅程，因为山中常有匪徒出没。杜甫的心中充满了恐惧，他的恐惧被形容为"白色的恐惧"，可见其心境之惶恐。

大麦行

大麦干枯小麦黄，妇女行泣夫走藏。
东至集壁西梁洋，问谁腰镰胡与羌。
岂无蜀兵三千人，部领辛苦江山长。
安得如鸟有羽翅，托身白云还故乡。

---

① "下入梓州作。蔡曰：坂在梓州铜山县。梓州：今为潼川州。"——《杜诗镜铨》中《光禄坂行》注

奉送严公入朝十韵

鼎湖瞻望远,象阙宪章新。

四海犹多难,中原忆旧臣。

与时安反侧,自昔有经纶。

感激张天步,从容静塞尘。

南图回羽翮,北极捧星辰。

漏鼓还思昼,宫莺罢啭春。

空留玉帐术,愁杀锦城人。

阁道通丹地,江潭隐白蘋。

此生那老蜀?不死会归秦!

公若登台辅,临危莫爱身!

送严侍郎到绵州,同登杜使君江楼,得心字

野兴每难尽,江楼延赏心。

归朝送使节,落景惜登临。

稍稍烟集渚,微微风动襟。

重船依浅濑,轻鸟度层阴。

槛峻背幽谷,窗虚交茂林。

灯光散远近,月彩静高深。

城拥朝来客,天横醉后参。
穷途衰谢意,苦调短长吟。
此会共能几,诸孙贤至今。
不劳朱户闭,自待白河沉。

奉济驿重送严公四韵

远送从此别,青山空复情。
几时杯重把,昨夜月同行。
列郡讴歌惜,三朝出入荣。
江村独归处,寂寞养残生。

光禄坂行

山行落日下绝壁,西望千山万山赤。
树枝有鸟乱鸣时,暝色无人独归客。
马惊不忧深谷坠,草动只怕长弓射。
安得更似开元中,道路即今多拥隔。

江湖客杜甫

第六章　身居梓阆

宝应元年（牛年）至宝应二年（兔年），居于梓州。
公元762年至763年

《杜诗镜铨》卷九、十、十一

杜甫虽然顺利到达梓州，想要离开这里却并不容易。那时候，西部地区叛乱四起，局势已经彻底失控，叛军在首领徐知道的带领下兵守要害，切断了与成都的联系。

用杜甫自己的话说，即"困"于梓州，这一困就是几月有余。在这段时间里，他的儿子骥子（即"宗武"）的十岁生辰如期而至，而自己却身处异乡，不能为其庆生。老妻一人带着孩子们独守家中，心存怨怼，于是"书数纸"①以催其归。杜甫也因此很恼怒，觉得妻子未能体恤他所面临的现实困难。受这些信件的触动，他在某个不确定的时间设法将家人从成都危险之地转移到了梓州相对安

---

① 出自杜甫《客夜》："老妻书数纸，应悉未归情。"——译者注

第六章 身居梓阆

全的山区。可能是"舍弟占"①安排了此次行程,因为后来的诗里有一些线索表明,杜占确实和杜甫一起在四川。无论如何,一家人最后终于团聚了。就在这时,传来了一个好消息:帝国首都长安附近取得了一场大胜,叛军被击败了。杜甫满怀期待地迎接战争胜利的和平曙光,沉浸在回归安宁平静生活的希冀之中,却未曾想到这一憧憬终将沦为虚幻泡影。

然而,目前他只能留在梓州打发时光。尽管生活贫穷,但他还是过得相当充实。他同官员们一起饮酒聚会,而这些官员们非常乐意招待他们首领的朋友。杜甫还写诗,甚至写了一些关于"佳人"的艳曲,还在梓州城里游览了名胜古迹。

去秋行

去秋涪江木落时,臂枪走马谁家儿。

到今不知白骨处,部曲有去皆无归。

遂州城中汉节在,遂州城外巴人稀。

---

① 史料记载,广德元年冬杜甫避乱梓阆时作《舍弟占归草堂检校聊示此诗》。杜甫的四个弟弟中,杜颖、杜观、杜丰各在他乡,唯杜占随哥哥杜甫一同入蜀。——译者注

战场冤魂每夜哭,空令野营猛士悲。

宗武生日

小子何时见,高秋此日生。
自从都邑语,已伴老夫名。
诗是吾家事,人传世上情。
熟精文选理,休觅彩衣轻。
凋瘵筵初秩,欹斜坐不成。
流霞分片片,涓滴就徐倾。

寄高适

楚隔乾坤远,难招病客魂。
诗名惟我共,世事与谁论。
北阙更新主,南星落故园。
定知相见日,烂漫倒芳尊。

客　夜

客睡何曾著,秋天不肯明。
卷帘残月影,高枕远江声。
计拙无衣食,途穷仗友生。

老妻书数纸,应悉未归情。

客 亭

秋窗犹曙色,落木更天风。

日出寒山外,江流宿雾中。

圣朝无弃物,老病已成翁。

多少残生事,飘零任转蓬。

九日奉寄严大夫

严武于七月前往京城,但因叛军封锁道路而无法越过省界。

九日应愁思,经时冒险艰。

不眠持汉节,何路出巴山。

小驿香醪嫩,重岩细菊斑。

遥知簇鞍马,回首白云间。

通泉驿南去通泉县十五里山水作

溪行衣自湿,亭午气始散。

冬温蚊蚋集,人远凫鸭乱。

登顿生曾阴,欹倾出高岸。

驿楼衰柳侧,县郭轻烟畔。

一川何绮丽,尽目穷壮观。

山色远寂寞,江光夕滋漫。

伤时愧孔父,去国同王粲。

我生苦飘零,所历有嗟叹。

陪王侍御同登东山最高顶,宴姚通泉,晚携酒泛江

* * *

东山高顶罗珍羞,下顾城郭销我忧。

清江白日落欲尽,复携美人登彩舟。

笛声愤怨哀中流,妙舞逶迤夜未休。

灯前往往大鱼出,听曲低昂如有求。

三更风起寒浪涌,取乐喧呼觉船重。

满空星河光破碎,四座宾客色不动。

请公临深莫相违,回船罢酒上马归。

人生欢会岂有极!

* * *

闻官军收河南河北

剑外忽传收蓟北,初闻涕泪满衣裳。

却看妻子愁何在,漫卷诗书喜欲狂。

白日放歌须纵酒,青春作伴好还乡。
即从巴峡穿巫峡,便下襄阳向洛阳。

春日梓州登楼二首

一

行路难如此,登楼望欲迷。
身无却少壮,迹有但羁栖。
江水流城郭,春风入鼓鼙。
双双新燕子,依旧已衔泥。

二

天畔登楼眼,随春入故园。
战场今始定,移柳更能存。
厌蜀交游冷,思吴胜事繁。
应须理舟楫,长啸下荆门。

春日戏题恼郝使君兄

使君意气凌青霄,忆昨欢娱常见招。
细马时鸣金騕褭,佳人屡出董娇饶。
东流江水西飞燕,可惜春光不相见。

江湖客杜甫

愿携王赵两红颜,再骋肌肤如素练。

通泉百里近梓州,请公一来开我愁。

舞处重看花满面,尊前还有锦缠头。

柳　边

只道梅花发,那知柳亦新。

枝枝总到地,叶叶自开春。

紫燕时翻翼,黄鹂不露身。

汉南应老尽,霸上远愁人。

上牛头寺

青山意不尽,衮衮上牛头。

无复能拘碍,真成浪出游。

花浓春寺静,竹细野池幽。

何处莺啼切,移时独未休。

数陪李梓州泛江,有女乐在诸舫,戏为艳曲二首赠李

一

上客回空骑,佳人满近船。

江清歌扇底,野旷舞衣前。

第六章　身居梓阆

玉袖凌风并，金壶隐浪偏。
竞将明媚色，偷眼艳阳天。

二

白日移歌袖，清宵近笛床。
翠眉萦度曲，云鬓俨分行。
立马千山暮，回舟一水香。
使君自有妇，莫学野鸳鸯。

倚　杖

看花虽郭内，倚杖即溪边。
山县早休市，江桥春聚船。
狎鸥轻白浪，归雁喜青天。
物色兼生意，凄凉忆去年。

舟前小鹅儿

鹅儿黄似酒，对酒爱新鹅。
引颈嗔船逼，无行乱眼多。
翅开遭宿雨，力小困沧波。
客散层城暮，狐狸奈若何。

投简梓州幕府兼简韦十郎官

幕下郎官安稳无,从来不奉一行书。
固知贫病人须弃,能使韦郎迹也疏。

述古三首

一

赤骥顿长缨,非无万里姿。
悲鸣泪至地,为问驭者谁。
凤凰从东来,何意复高飞。
竹花不结实,念子忍朝饥。
古时君臣合,可以物理推。
贤人识定分,进退固其宜。

倦 夜

竹凉侵卧内,野月满庭隅。
重露成涓滴,稀星乍有无。
暗飞萤自照,水宿鸟相呼。
万事干戈里,空悲清夜徂。

第六章　身居梓阆

广德元年（兔年），至阆州，复还梓州。公元763年

这一年开始时是宝应二年，但到了七月，年号改为广德，意为"广布德行"。

杜甫历尽艰险来到梓州已有一年。如今当他在梓州度过的第二个冬天来临之际，他西行两百二十里（约七十英里）来到阆州，即现今美丽的保宁。启程的具体原因未曾提及，但很可能是他打算与路过阆州的两个舅舅会面，并寻求其帮助。二十四舅正从京城赶往新地赴任，十一舅则随他同行。杜甫给两位舅舅都写了诗，且留下了其中的诗作。我引用了其中写给十一舅的诗。当我们欣赏这首诗时，农先生嘴角上扬，语气中满是赞许："诚如所言，此诗颇具风骨！我们中国有句谚语——富贵不能淫，贫贱不能移，威武不能屈，此之谓大丈夫。人若怀一身铮铮傲骨，纵遇万般困境，亦能守正不阿，诸事终可迎刃而解。"

杜甫在信中焦急地询问小女儿的病情，据此我们可以推测其妻子未曾随行阆州。但杜甫很快就回到了她们身边，赶在兔年岁末，家人再次团聚。

138

同年，按照中国的说法，杜甫再次受到皇帝的入仕邀请，希望他重新出任官职。然而，杜甫并未接受这个邀

江湖客杜甫

请。事实上，来自中原的消息非常糟糕。人们曾因东部叛乱的平定而欢欣鼓舞，但此时西部又出现了新的威胁。

吐蕃人攻下陇山，继续向都城推进。皇帝对此一无所知，直到叛军逼近，进一步隐瞒已无济于事。在兔年十月，天子被迫出逃！他在黄河流域的陕州避难，而吐蕃部落则劫掠并焚烧了都城长安——这座"永安之城"！

此时，章彝①于梓州暂代严武担任东川节度使，试图与杜甫交好。农先生对他们之间的关系很感兴趣，他说道："杜甫虽然认可章彝的军事才能，但对其本人既不喜欢也不信任。他轻蔑地写道，烽烟战火之际尚有心思狩猎，尚能为其功德去寺庙供奉香火，确未能体恤前线士兵疾苦，章彝之心必然不在庙堂。由其诗篇可知，杜甫早已有此意识，恐章彝日后会叛变谋反。这些讥刺诗章，必未示于张某！杜甫批评他人与自我剖白，向来直抒胸臆，不假委婉。"

事实上，章彝因滥用职权在严武返回四川并接管自己的职位时被处决。

---

① 章彝，唐吴兴人。肃宗末，为剑南两川节度使严武判官。代宗广德元年，为梓州刺史、剑南东川留后。诗人杜甫曾往依之。二年，罢职，将入朝，严武召至成都，杖杀之。——译者注

第六章　身居梓阆

也正是在此时,杜甫决定穿过荆门回归东土。他携家眷前往阆州,作为这次旅途的首站,同时委托占弟回到草庐,把一切安排稳妥。

王阆州筵奉酬十一舅惜别之作

万壑树声满,千崖秋气高。
浮舟出郡郭,别酒寄江涛。
良会不复久,此生何太劳。
穷愁但有骨,群盗尚如毛。
吾舅惜分手,使君寒赠袍。
沙头暮黄鹄,失侣自哀号。

放　　船

送客苍溪县,山寒雨不开。
直愁骑马滑,故作泛舟回。
青惜峰峦过,黄知橘柚来。
江流大自在,坐稳兴悠哉。

薄　　游

浙浙风生砌,团团日隐墙。

遥空秋雁灭,半岭暮云长。

病叶多先坠,寒花只暂香。

巴城添泪眼,今夜复清光。

征 夫

十室几人在?千山空自多!

路衢惟见哭,城市不闻歌。

漂梗无安地,衔枚有荷戈。

官军未通蜀,吾道竟如何?

巴 山

巴山遇中使,云自峡城来。

盗贼还奔突,乘舆恐未回。

天寒邵伯树,地阔望仙台。

狼狈风尘里,群臣安在哉。

西山①三首

一

彝界荒山顶,蕃州积雪边。

---

① 西山:即岷山,捍阻羌夷,全蜀巨障。——原文注

筑城依白帝，转粟上青天。

蜀将分旗鼓，羌兵助井泉。

西戎背和好，杀气日相缠。

二

辛苦三城戍，长防万里秋。

烟尘侵火井，雨雪闭松州。

风动将军幕，天寒使者裘。

漫山贼营垒，回首得无忧。

发阆中

前有毒蛇后猛虎，溪行尽日无村坞。

江风萧萧云拂地，山木惨惨天欲雨。

女病妻忧归意速，秋花锦石谁复数？

别家三月一得书，避地何时免愁苦？

天边行

再临梓州

天边老人归未得，日暮东临大江哭。

陇右河源不种田，胡骑羌兵入巴蜀。

江湖客杜甫

洪涛滔天风拔木,前飞秃鹙后鸿鹄。
九度附书向洛阳,十年骨肉无消息。

冬狩行①

君不见东川节度兵马雄,校猎亦似观成功。
夜发猛士三千人,清晨合围步骤同。
禽兽已毙十七八,杀声落日回苍穹。
幕前生致九青兕,骆驼䬯峞垂玄熊。
东西南北百里间,仿佛蹴踏寒山空。
有鸟名鸜鹆,力不能高飞逐走蓬。
肉味不足登鼎俎,何为见羁虞罗中。
春蒐冬狩侯得同,使君五马一马骢。
况今摄行大将权,号令颇有前贤风。
飘然时危一老翁,十年厌见旌旗红。
喜君士卒甚整肃,为我回辔擒西戎。
草中狐兔尽何益,天子不在咸阳宫。
朝廷虽无幽王祸,得不哀痛尘再蒙。
呜呼,得不哀痛尘再蒙。

---

① 时梓州刺史章彝兼侍御史留后东川。——原文注

第六章 身居梓阆

山 寺

野寺根石壁,诸龛遍崔嵬。
前佛不复辨,百身一莓苔。
虽有古殿存,世尊亦尘埃。
如闻龙象泣,足令信者哀。
使君骑紫马,捧拥从西来。
树羽静千里,临江久裴回。
山僧衣蓝缕,告诉栋梁摧。
公为顾宾徒,咄嗟檀施开。
吾知多罗树,却倚莲华台。
诸天必欢喜,鬼物无嫌猜。
以兹抚士卒,孰曰非周才。

* * *

岁晏风破肉,荒林寒可回。
思量入道苦,自哂同婴孩。

将适吴楚,留别章使君留后,兼幕府诸公,得柳字

我来入蜀门,岁月亦已久。
岂惟长儿童,自觉成老丑。

常恐性坦率,失身为杯酒。

近辞痛饮徒,折节万夫后。

昔如纵壑鱼,今如丧家狗。

既无游方恋,行止复何有。

相逢半新故,取别随薄厚。

不意青草湖,扁舟落吾手。

眷眷章梓州,开筵俯高柳。

楼前出骑马,帐下罗宾友。

健儿簸红旗,此乐或难朽。

日车隐昆仑,鸟雀噪户牖。

波涛未足畏,三峡徒雷吼。

所忧盗贼多,重见衣冠走。

中原消息断,黄屋今安否。

* * *

有使即寄书,无使长回首。

舍弟占归草堂检校聊示此诗

久客应吾道,相随独尔来。

孰知江路近,频为草堂回。

鹅鸭宜长数,柴荆莫浪开。

第六章 身居梓阆

东林竹影薄,腊月更须栽。

广德二年(龙年),又至阆州。公元764年

在路过荆门之前,杜甫于阆州停留了一段时间,吟咏当地美丽的山水风景。在诗中写到百舌鸟(一种类似八哥的鸟),实际借此暗讽程元振①背信弃义,正是程元振将吐蕃叛乱的消息隐瞒于皇帝。农先生向我讲述了百舌鸟的传说:"芒种之日螳螂生,又五日鵙始鸣,又五日反舌无声。反舌有声,佞人在侧。②"芒种,即播种芒类谷物之日,大约在农历六月初六。不过,此时程元振已被罢免,皇帝在长安重新即位。而在巴山深处,消息的传递总是缓慢。

如今,东行的计划被迫放弃。严武再次掌管蜀地,并写信恳求杜甫协助,为其出谋划策,简而言之,即邀其于军府任职。尽管杜甫志不在此,但他出于朋友之情,认为

---

① 程元振(694—764),雍州三原县(今陕西省三原县)人,唐肃宗、代宗时宦官。与李辅国拥立太子李豫,是为代宗,官至飞龙副使、右监门卫将军、知内侍省事。——译者注

② 汲冢周书:芒种之日螳螂生,又五日鵙始鸣,又五日反舌无声。反舌有声,佞人在侧。——《杜诗镜铨》中《百舌》注

理应帮助朋友,于是接受其请求。因此,首师北伐十年后,他再次携家眷踏上征途,这一次,他们返回成都,回到了草堂。

百 舌

百舌来何处,重重只报春。
知音兼众语,整翮岂多身。
花密藏难见,枝高听转新。
过时如发口,君侧有谗人。

收 京

复道收京邑,兼闻杀犬戎。
衣冠却扈从,车驾已还宫。
克复成如此,安危在数公。
莫令回首地,恸哭起悲风。

阆山歌

阆州城东灵山白,阆州城北玉台碧。
松浮欲尽不尽云,江动将崩未崩石。
那知根无鬼神会?已觉气与嵩华敌。

第六章 身居梓阆

中原格斗且未归,应结茅斋著青壁。

阆水歌

嘉陵江色何所似?石黛碧玉相因依。
正怜日破浪花出,更复春从沙际归。
巴童荡桨歌侧过,水鸡衔鱼来去飞。
阆中胜事可肠断,阆州城南天下稀!

泛 江

方舟不用楫,极目总无波。
长日容杯酒,深江净绮罗。
乱离还奏乐,飘泊且听歌。
故国流清渭,如今花正多。

渡 江

春江不可渡,二月已风涛。
舟楫欹斜疾,鱼龙偃卧高。
渚花兼素锦,汀草乱青袍。
戏问垂纶客,悠悠见汝曹。

江湖客杜甫

滕王亭子二首

一

君王台榭枕巴山,万丈丹梯尚可攀。
春日莺啼修竹里,仙家犬吠白云间。
清江锦石伤心丽,嫩蕊浓花满目斑。
人到于今歌出牧,来游此地不知还。

二

寂寞春山路,君王不复行。
古墙犹竹色,虚阁自松声。
鸟雀荒村暮,云霞过客情。
尚思歌吹入,千骑拥霓旌。

奉待严大夫

殊方又喜故人来,重镇还须济世才。
常怪偏裨终日待,不知旌节隔年回。
欲辞巴徼啼莺合,远下荆门去鹢催。
身老时危思会面,一生襟抱向谁开。

第六章 身居梓阆

自阆州领妻子却赴蜀山行三首

一

汩汩避群盗,悠悠经十年。
不成向南国,复作游西川。
物役水虚照,魂伤山寂然。
我生无倚著,尽室畏途边。

二

长林偃风色,回复意犹迷。
衫裹翠微润,马衔青草嘶。
栈悬斜避石,桥断却寻溪。
何日干戈尽,飘飘愧老妻。

三

行色递隐见,人烟时有无。
仆夫穿竹语,稚子入云呼。
转石惊魑魅,抨弓落狖鼯。
真供一笑乐,似欲慰穷途。

江湖客杜甫

第七章 再临成都

广德二年（龙年），重回官场，居于草堂。公元764年

《杜诗镜铨》卷十一、十二

严武在京都任职期间，负责修建通往明皇及其皇子肃宗陵墓的道路，父子二人时隔不久相继离世。由于此项功绩，他被封为郑国公。并且作为官员，他每年可领取超过两千担的俸米，因此他有权在其战车上驾驭五匹马，而不是通常的四匹马，其中三匹马在左侧，另外两匹在右侧。

在龙年晚春，严武及杜甫一同抵达锦城成都。严武前往他的官邸，而杜甫则回到他那早已荒废且长满杂草的草堂。

六月，严武向皇帝禀明欲亲任杜甫为自己的私人参谋，于是皇帝赐杜甫"工部员外郎"的官职，并赐予他一枚鱼符，称为"鱼袋"。

据《宋史·舆服志》记载，唐朝制定了使用鱼袋的规则。这些符牌鱼袋实为身份证明，制成两半，一半悬挂于官员腰间的红丝袋中，上面刻有官员的姓名；另一半则保留在宫中。当官员入朝或退朝时,两半仔细拼合,检查是否吻合,以验证身份。

杜甫的"老妻"和子女如今住在草庐,而他则往返于西郊和城镇,奔忙于军府的各项事务。杜甫这一时期的诗作数量众多,不胜枚举。杜甫记录了身边官员的来往,他提到了宴会,描述了自己见过的名画,还描述了严武组织骑兵操练新式旗操的场面。然而,尽管身穿象征官职的青绿官袍,杜甫却并不开心。国内动乱仍在持续。虽然严武成功平息了部分叛乱,但杜甫认为自己的建议未能得到重视。尽管他渴望履行对严武的"次级忠诚"(首先要忠于皇帝),但他觉得自己并未真正帮助到严武。再加上他身体不适,内心渴望草堂的宁静。正因为他有这样一处安身之所,杜甫自称为"吏隐",即身为官员,却又隐居之意。

将赴成都草堂,途中有作,先寄严郑公五首

一

得归茅屋赴成都,直为文翁再剖符。
但使闾阎还揖让,敢论松竹久荒芜。
鱼知丙穴由来美,酒忆郫筒不用酤。

江湖客杜甫

五马旧曾谙小径,几回书札待潜夫。

二

处处青江带白苹,故园犹得见残春。
雪山斥候无兵马,锦里逢迎有主人。
休怪儿童延俗客,不教鹅鸭恼比邻。
习池未觉风流尽,况复荆州赏更新。

成都杜甫草堂遗址工部祠内水塘

三

竹寒沙碧浣花溪，菱刺藤梢咫尺迷。
过客径须愁出入，居人不自解东西。
书签药裹封蛛网，野店山桥送马蹄。
岂藉荒庭春草色，先判一饮醉如泥。

四

常苦沙崩损药栏，也从江槛落风湍。
新松恨不高千尺，恶竹应须斩万竿。
生理只凭黄阁老，衰颜欲付紫金丹。
三年奔走空皮骨，信有人间行路难。

五

锦官城西生事微，乌皮几在还思归。
昔去为忧乱兵入，今来已恐邻人非。
侧身天地更怀古，回首风尘甘息机。
共说总戎云鸟阵，不妨游子芰荷衣。

草　堂

昔我去草堂，蛮夷塞成都。

163

今我归草堂，成都适无虞。
请陈初乱时，反复乃须臾。
大将赴朝廷，群小起异图。
中宵斩白马，盟歃气已粗。
西取邛南兵，北断剑阁隅。
布衣数十人，亦拥专城居。

* * *

贱子且奔走，三年望东吴。
弧矢暗江海，难为游五湖。
不忍竟舍此，复来剃榛芜。

164

入门四松在，步屟万竹疏。
旧犬喜我归，低佪入衣裾。
邻舍喜我归，酤酒携胡芦。
大官喜我来，遣骑问所须。
城郭喜我来，宾客隘村墟。
天下尚未宁，健儿胜腐儒。
飘摇风尘际，何地置老夫。
于时见疣赘，骨髓幸未枯。
饮啄愧残生，食薇不敢馀。

第七章　再临成都

题桃树

小径升堂旧不斜,五株桃树亦从遮。
高秋总喂贫人实,来岁还舒满眼花。
帘户每宜通乳燕,儿童莫信打慈鸦。
寡妻群盗非今日,天下车书正一家。

四　松

四松初移时,大抵三尺强。
别来忽三载,离立如人长。
会看根不拔,莫计枝凋伤。
幽色幸秀发,疏柯亦昂藏。
所插小藩篱,本亦有堤防。
终然振拨损,得咎千叶黄。
敢为故林主,黎庶犹未康。
避贼今始归,春草满空堂。
览物叹衰谢,及兹慰凄凉。
清风为我起,洒面若微霜。
足以送老姿,聊待偃盖张。
我生无根带,配尔亦茫茫。

有情且赋诗,事迹可两忘。
勿矜千载后,惨澹蟠穹苍。

破 船

平生江海心,宿昔具扁舟。
岂惟青溪上,日傍柴门游。
苍皇避乱兵,缅邈怀旧丘。
邻人亦已非,野竹独修修。
船舷不重扣,埋没已经秋。
仰看西飞翼,下愧东逝流。
故者或可掘,新者亦易求。
所悲数奔窜,白屋难久留。

过南邻朱山人水亭

相近竹参差,相过人不知。
幽花欹满树,小水细通池。

* * *

归客村非远,残樽席更移。
看君多道气,从此数追随。

第七章 再临成都

成都杜甫纪念馆附近浣花溪上的万里桥

王录事许修草堂赀不到,聊小诘

为嗔王录事,不寄草堂赀。
昨属愁春雨,能忘欲漏时。

绝句二首

一

迟日江山丽,春风花草香。
泥融飞燕子,沙暖睡鸳鸯。

二

江碧鸟逾白,山青花欲燃。

今春看又过,何日是归年。

院中晚晴怀西郭茅舍

幕府秋风日夜清,澹云疏雨过高城。

叶心朱实看时落,阶面青苔先自生。

复有楼台衔暮景,不劳钟鼓报新晴。

浣花溪里花饶笑,肯信吾兼吏隐名。

村 雨

雨声传两夜,寒事飒高秋。

挈带看朱绂,开箱睹黑裘。

世情只益睡,盗贼敢忘忧。

松菊新沾洗,茅斋慰远游。

宿 府

清秋幕府井梧寒,独宿江城蜡炬残。

永夜角声悲自语,中天月色好谁看。

风尘荏苒音书绝,关塞萧条行路难。
已忍伶俜十年事,强移栖息一枝安。

遣闷奉呈严公二十韵

白水鱼竿客,清秋鹤发翁。
胡为来幕下,只合在舟中。
黄卷真如律,青袍也自公。
老妻忧坐痹,幼女问头风。
平地专欹倒,分曹失异同。
礼甘衰力就,义忝上官通。
畴昔论诗早,光辉仗钺雄。
宽容存性拙,剪拂念途穷。
露裛思藤架,烟霏想桂丛。
信然龟触网,直作鸟窥笼。
西岭纡村北,南江绕舍东。
竹皮寒旧翠,椒实雨新红。
浪簸船应坼,杯干瓮即空。
藩篱生野径,斤斧任樵童。
束缚酬知己,蹉跎效小忠。
周防期稍稍,太简遂匆匆。

江湖客杜甫

晓入朱扉启,昏归画角终。
不成寻别业,未敢息微躬。
乌鹊愁银汉,驽骀怕锦幪。
会希全物色,时放倚梧桐。

至 后

冬至至后日初长,远在剑南思洛阳。
青袍白马有何意,金谷铜驼非故乡。
梅花欲开不自觉,棣萼一别永相望。
愁极本凭诗遣兴,诗成吟咏转凄凉。

永泰元年(蛇年),居于草庐,任职军府。公元765年

龙年结束,新皇继位第一个月,废除年号"广德",改为"永泰",寓意永远国泰民安。

农历新年结束,杜甫乘兴回到草庐,决定在浣花溪对面的茂密竹林中自建一座凉亭。他告诉我们,为了腾出建亭子的场地,竟拔起"万根竹竿"。此外,杜甫还写了一篇献给严武的诗作,邀请他来家中作客,恳请这位大人不要笑话他的"席门"(简陋住所的委婉说法)。事实上,杜甫此时似乎内心安定,心态平和。

第七章 再临成都

事实证明，这种表面的宁静最终实为暴风雨前夕的短暂平和。至于这场风暴的源头，我们至今仍不得而知。杜甫曾满腔热忱提出诸多建议，却遗憾地发现它们被置若罔闻，他对此早已心生不满。或许，正是在他视为至关重要的议题上，他的声音再次被忽略，从而导致了情绪的积压。无论如何，有次醉酒后，他失去了往日的克制，失控地闯入了严武的官舍，竟爬上了床榻，紧紧抓住了严武的胡须。关于此事，《成都府志》中仅有着墨不多的简略记载：

> 武辖蜀地，令甫谋之。武承前辈之谊，待甫甚厚（武父挺之原甫之友，两家世代交好）。甫醉上武床，瞪眼叹曰："严挺之竟有子如此！"武怒答曰："审言之孙敢拔虎须乎？"次日，武欲杀甫。随从聚于门侧。武将出，冠三困于竹帘。左右官吏禀其母，赴而劝武，遂以小舟送甫入峡。

农先生长舒一口气，说道："啊！严武的母亲绝不允许他杀掉像杜甫这样的人。她的处理非常明智，即刻命人准备船只，安排杜甫离开蜀地。杜甫'怒拔虎须'，不得不离开蜀地。这位严武的母亲真是个聪明的女人！"

江湖客杜甫

中国年长女性的权势之大令西方旅行者惊叹不已。这是否是早期母系社会遗留下来的现象呢?我很好奇。

虽然杜甫在蛇年正月决定离开,但当时的严武怒火正盛,因此没有即刻启程。到了四月,严武自己去世了。五月,杜甫及其家眷,或许还有占弟,永远离开了蜀地。

营 屋

我有阴江竹,能令朱夏寒。
阴通积水内,高入浮云端。
甚疑鬼物凭,不顾翦伐残。
东偏若面势,户牖永可安。
爱惜已六载,兹晨去千竿。
萧萧见白日,汹汹开奔湍。
度堂匪华丽,养拙异考槃。
草茅虽雍茸,衰疾方少宽。
洒然顺所适,此足代加餐。
寂无斤斧响,庶遂憩息欢。

正月三日归溪上有作,简院内诸公

野外堂依竹,篱边水向城。

第七章　再临成都

蚁浮仍腊味，鸥泛已春声。
药许邻人劚，书从稚子擎。
白头趋幕府，深觉负平生。

弊庐遣兴奉寄严公

野水平桥路，春沙映竹村。
风轻粉蝶喜，花暖蜜蜂喧。
把酒宜深酌，题诗好细论。
府中瞻暇日，江上忆词源。
迹忝朝廷旧，情依节制尊。
还思长者辙，恐避席为门。

绝句三首

九江城，沿江坐落于东

一

闻道巴山里，春船正好行。
都将百年兴，一望九江城。

春日江村五首

四

扶病垂朱绶，归休步紫苔。

郊扉存晚计,幕府愧群材。
燕外晴丝卷,鸥边水叶开。
邻家送鱼鳖,问我数能来。

长 吟

竞渡之日与踏春之日皆逢早春之时

江渚翻鸥戏,官桥带柳阴。
江飞竞渡日,草见踏春心。
已拨形骸累,真为烂漫深。
赋诗歌句稳,不免自长吟。

绝句六首

一

日出篱东水,云生舍北泥。
竹高鸣翡翠,沙僻舞鹍鸡。

二

蔼蔼花蕊乱,飞飞蜂蝶多。
幽栖身懒动,客至欲如何。

第七章　再临成都

绝句四首

一

堂西长笋别开门,堑北行椒却背村。
梅熟许同朱老吃,松高拟对阮生论。

三

两个黄鹂鸣翠柳,一行白鹭上青天。
窗含西岭千秋雪,门泊东吴万里船。

喜　雨

南国旱无雨,今朝江出云。
入空才漠漠,洒迥已纷纷。
巢燕高飞尽,林花润色分。
晚来声不绝,应得夜深闻。

江湖客杜甫

第八章　成都至夔州途中

永泰元年（蛇年），离开蜀地，前往夔州。公元765年

《杜诗镜铨》卷十二

杜甫沿着常规路线，从成都启程顺岷江而下，直到长江。他的第一个停留点是在嘉州，也就是今天的乐山。在这里，他遇到了朋友，还有一位堂兄长。尽管这位堂兄性情凉薄，行事古怪，但他对家族规矩却异常严苛，坚持要求家中子女及仆从在一年中的八个重要节气向长辈行致敬之礼。这八个节气的名称分别为：立春、春分、立夏、夏至、立秋、秋分、立冬和冬至。杜甫在诗文中提及，当他这位"幼堂兄"身处嘉州之时，上述的礼仪规范被一丝不苟地践行着。由此，我们或许可以合理推测，在蛇年五月离开成都后，他正是在这位四堂兄的宅邸中度过了夏至那悠长而炽热的时光。

过完节后，杜甫继续前行，抵达戎州①（在现代地图上标记为叙府），此处为轻型小船航行的起点。这里距离

---

① 戎州：今四川宜宾。——译者注

第八章 成都至夔州途中

成都约两百英里，岷江在此汇入长江，需要乘坐更庞大的航船继续前行。杜甫一家极有可能便是在这戎州之畔，踏上了新的航船，顺着水流悠然南下，驶入了那气势磅礴的长江主流之中——这条蜿蜒流淌的铜色巨龙将华夏大地一分为二。从叙府至重庆，路途短暂。重庆作为水路交汇的要冲，汇聚了成千上万的船只，它们满载着皮革、毛皮、猪鬃、麝香、大黄及各类药材、蚕丝织品、虫蜡、麻、铁、铜与盐——简而言之，四川的富饶物产，准备穿越三峡，顺长江而下，运送至海滨口岸。时至今日，这份清单还需增添一项至关重要的货物：鸦片。唐代之时，鸦片尚未以现今之姿出现，而今，这朵美丽却致命的罂粟之花已广泛种植于四川多地，然后走私至平原以获取丰厚利润，其中诱惑难以抗拒。十年前，我于重庆出发沿此航线旅行时，曾亲眼目睹一艘船在启航前，船舱之下秘密藏匿了一小包鸦片。

继续沿江顺流而下，杜甫一行人抵达了忠州[①]。尽管此地尚属文明边陲，他却因偶遇一位担任皇帝使节的侄子而心生无限喜悦。这位侄子是他自幼便疼爱有加的晚辈，因

---

① 忠州：今重庆忠县。——译者注

江湖客杜甫

重庆街道

第八章　成都至夔州途中

此杜甫决定在此地稍作停留，陪伴这位年轻人共度一段时光。就在他逗留期间，一支护送严武灵柩的丧葬队伍也沿江而下，踏上了从成都至严武故乡华阴的漫长归途。华阴，这个位于陕西、紧邻雄浑潼关的地方，是严武魂归之所。严武不幸英年早逝，年仅四十，朝廷为表彰其功绩，赐予了他崇高的谥号，并按照皇室礼仪，特别将一只雕镂着皇家龙纹的尊贵灵柩盒派送至成都，以此表达对逝者的深切哀悼与缅怀。

农先生若有所思地说道："昔日，杜甫在严武的军府之中，曾与严武有过一番争执。而今，杜甫对于自己当时失控的情绪深感懊悔。此刻，他深刻体会到了内心深处那份沉重的悲痛，恍然醒悟严武实则是他最为真挚的朋友。念及此，他不禁潸然泪下，痛彻心扉。"

去　蜀

五载客蜀郡，一年居梓州。
如何关塞阻，转作潇湘游。
世事已黄发，残生随白鸥。
安危大臣在，不必泪长流。

江湖客杜甫

宿青溪驿奉怀张员外十五兄之绪

漾舟千山内,日入泊枉渚。
我生本飘飘,今复在何许。
石根青枫林,猿鸟聚俦侣。
月明游子静,畏虎不得语。
中夜怀友朋,乾坤此深阻。
浩荡前后间,佳期付荆楚。

狂歌行赠四兄

与兄行年校一岁,贤者是兄愚者弟。
兄将富贵等浮云,弟切功名好权势。
长安秋雨十日泥,我曹鞴马听晨鸡。
公卿朱门未开锁,我曹已到肩相齐。
吾兄睡稳方舒膝,不袜不巾蹋晓日。
男啼女哭莫我知,身上须缯腹中实。
今年思我来嘉州,嘉州酒重花绕楼。
楼头吃酒楼下卧,长歌短咏还相酬。
四时八节还拘礼,女拜弟妻男拜弟。
幅巾鞶带不挂身,头脂足垢何曾洗。

吾兄吾兄巢许伦，一生喜怒长任真。
日斜枕肘寝已熟，啾啾唧唧为何人。

宴戎州杨使君东楼

胜绝惊身老，情忘发兴奇。
座从歌妓密，乐任主人为。
重碧拈春酒，轻红擘荔枝。
楼高欲愁思，横笛未休吹。

宴忠州使君侄宅

出守吾家侄，殊方此日欢。
自须游阮巷，不是怕湖滩。
乐助长歌逸，杯饶旅思宽。
昔曾如意舞，牵率强为看。

拨 闷

闻道云安曲米春，才倾一盏即醺人。
乘舟取醉非难事，下峡消愁定几巡。
长年三老遥怜汝，䴕舵开头捷有神。
已办青钱防雇直，当令美味入吾唇。

江湖客杜甫

哭严仆射归榇

素幔随流水,归舟返旧京。
老亲如宿昔,部曲异平生。
风送蛟龙雨,天长骠骑营。
一哀三峡暮,遗后见君情。

旅夜书怀

细草微风岸,危樯独夜舟。
星垂平野阔,月涌大江流。
名岂文章著,官应老病休。
飘飘何所似,天地一沙鸥。

放 船

收帆下急水,卷幔逐回滩。
江市戎戎暗,山云淰淰寒。
村荒无径入,独鸟怪人看。
已泊城楼底,何曾夜色阑。

从忠州到云安(今云阳)的路程充满趣味。沿途,河流两岸的历史遗迹如珍珠般串联,层出不穷。铜色的长江

第八章 成都至夔州途中

洪流中常常点缀着翠绿与蔚蓝的水波,这些波澜是由许多从南北流入的清澈河流在此汇聚而形成。

在云安之地,长江蜿蜒穿梭于峻岭之间,河道骤然收窄。此时,杜甫身染重病,肺部受损严重,不得不在此地驻足良久。时至十二月初,他终于寻到一艘宽敞的大船,再次启程向夔州进发,打算在那里觅得一处暂时的栖身之所。而回望往昔,就在当年十一月,年号再度更迭,改为"大历",蛇年悄然画上了句点。

杜甫为江面上的旖旎风光深深吸引,为不绝于耳的猿猴啼鸣、壁立千仞的嶙峋巨石以及汹涌澎湃的飞流急湍惊叹不已,但他仍对锦城成都附近的草庐深感怀念,借诗歌抒发其遗憾惋惜之情。

别常徵君

儿扶犹杖策,卧病一秋强。

白发少新洗,寒衣宽总长。

故人忧见及,此别泪相忘。

各逐萍流转,来书细作行。

江湖客杜甫

长江二首

一

众水会涪万,瞿塘争一门。

朝宗人共挹,盗贼尔谁尊。

孤石隐如马,高萝垂饮猿。

归心异波浪,何事即飞翻。

长江水面的大型航船

第八章　成都至夔州途中

怀锦水居止二首

二

万里桥西宅，百花潭北庄。

层轩皆面水，老树饱经霜。

雪岭界天白，锦城曛日黄。

惜哉形胜地，回首一茫茫！

十二月一日三首

一

今朝腊月春意动，云安县前江可怜。

一声何处送书雁，百丈谁家上水船。

未将梅蕊惊愁眼，要取楸花媚远天。

明光起草人所羡，肺病几时朝日边。

漫成一首

江月去人只数尺，风灯照夜欲三更。

沙头宿鹭联拳静，船尾跳鱼拨剌鸣。

江湖客杜甫

船下夔州郭宿，雨湿不得上岸，别王十二判官

依沙宿舸船，石濑月娟娟。

风起春灯乱，江鸣夜雨悬。

晨钟云外湿，胜地石堂烟。

柔橹轻鸥外，含凄觉汝贤。

第九章　抵达夔州

大历元年（马年）春，抵达夔州。公元766年

《杜诗镜铨》卷十二、十三

夔州，古时被称为巴国，位于三峡上游。赤甲峰屹立在长江北岸，而白盐山则从南岸拔地而起。河边一片低矮林木覆盖的岬角上矗立着一座刘备和诸葛亮的纪念祠庙，耸立于江流之中，此处即为白帝城的旧址。白帝城如今早已兴盛，即使在杜甫那个时代，也早已载入史册。杜甫所前往的夔州——独脚兽之城①，地理位置与现今大致相同，杜甫必然也是沿着我几年前爬过的那条陡峭的河岸攀登而上。

杜甫对一切都充满兴趣：当地取水的方式、船夫的技术、关于女性的落后习俗，最重要的是眼前的繁盛之景。

---

① 夔：古代传说中的一种独脚怪兽。《山海经·大荒东经》记载："其上有兽，状如牛，苍身而无角，一足，出入水则必风雨，其光如日月，其声如雷，其名曰夔。"因文化背景差异，原著描述为"三足怪兽"。——译者注

 江湖客杜甫

夔州城

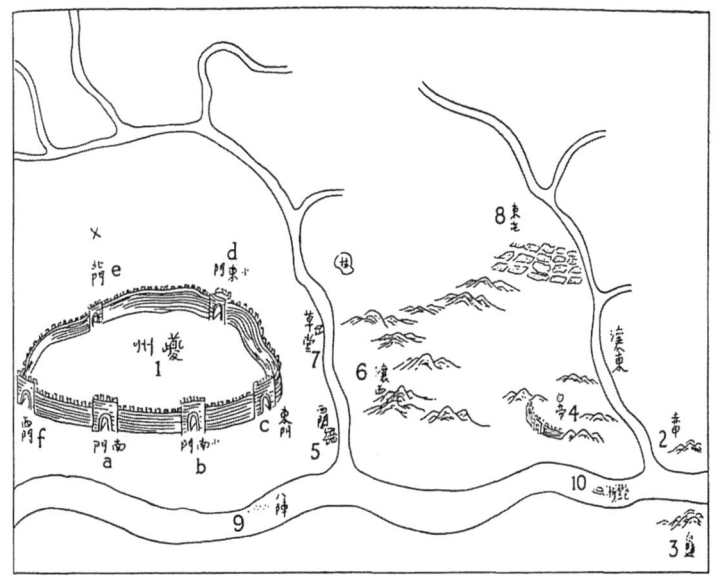

《夔州府志》中夔州及周边地图

1.夔州 2.赤甲 3.白盐 4.白帝 5.西阁 6.瀼西
7.草堂 8.东屯 9.八阵 10.滟滪
a.南门 b.小南门 c.东门 d.小东门 e.北门 f.西门

《杜诗镜铨》共二十卷,其中有六卷多的诗篇是杜甫居夔州三年期间所作。从《夔州府志》中我们了解到:

> 杜甫,字子美,寓居夔州,成诗四百余篇。一草一木,皆为其题。

的确如此,杜甫对他抵达夔州后的生活描写细致入微。

他在这里最初的住所尚未记载,但对于如此博学之人,可能很快会有人为他提供一处地方供他居住。他雇佣了一位男仆信行,并敦促熊儿(现在他称其为宗文)监督建造鸡舍,防止"乌鸡"走失,许多中国人至今还将"乌鸡"视作极具药用价值的补品。

农先生客观地评价道:"杜甫诗中的描述无比详尽,艾女士不必再过多解释了。"

引 水

月峡瞿塘云作顶,乱石峥嵘俗无井。

云安酤水奴仆悲,鱼复移居心力省。

白帝城西万竹蟠,接筒引水喉不干。

人生留滞生理难,斗水何直百忧宽。

示獠奴阿段①

山木苍苍落日曛,竹竿袅袅细泉分。

---

① "獠族"指中国西南部的土著部落。"病渴"指糖尿病。——原文注

郡人入夜争馀沥，竖子寻源独不闻。

病渴三更回白首，传声一注湿青云。

曾惊陶侃胡奴异，怪尔常穿虎豹群。

上白帝城二首

一

江城含变态，一上一回新。

天欲今朝雨，山归万古春。

英雄馀事业，衰迈久风尘。

取醉他乡客，相逢故国人。

兵戈犹拥蜀，赋敛强输秦。

不是烦形胜，深惭畏损神。

古柏行

孔明庙前有老柏，柯如青铜根如石。

霜皮溜雨四十围，黛色参天二千尺。

君臣已与时际会，树木犹为人爱惜。

云来气接巫峡长，月出寒通雪山白。

忆昨路绕锦亭东，先主武侯同閟宫。

崔嵬枝干郊原古，窈窕丹青户牖空。

江湖客杜甫

200 　　落落盘踞虽得地，冥冥孤高多烈风。
　　扶持自是神明力，正直原因造化功。
　　大厦如倾要梁栋，万牛回首丘山重。
　　不露文章世已惊，未辞翦伐谁能送？
　　苦心岂免容蝼蚁，香叶终经宿鸾凤。
　　志士幽人莫怨嗟：古来材大难为用。

负薪行

201 　　夔州处女发半华，四十五十无夫家。
　　更遭丧乱嫁不售，一生抱恨长咨嗟。
　　土风坐男使女立，应当门户女出入。
　　十犹八九负薪归，卖薪得钱应供给。
　　至老双鬟只垂颈，野花山叶银钗并。
　　筋力登危集市门，死生射利兼盐井。
　　面妆首饰杂啼痕，地褊衣寒困石根。
202 　　若道巫山女粗丑，何得此有昭君村？

最能行

　　峡中丈夫绝轻死，少在公门多在水。
　　富豪有钱驾大舸，贫穷取给行艓子。

第九章　抵达夔州

小儿学问止论语，大儿结束随商旅。

歇帆侧柁入波涛，撇漩捎濆无险阻。

朝发白帝暮江陵，顷来目击信有征。

瞿塘漫天虎须怒，归州长年行最能。

此乡之人气量窄，误竞南风疏北客。

若道士无英俊才，何得山有屈原宅。

雷

国大旱则率巫而舞雩；祈雨不雨则暴巫；暴巫而不雨，则积薪击鼓而焚山，以烧蛟龙致雨。

大旱山岳燋，密云复无雨。

南方瘴疠地，罹此农事苦。

封内必舞雩，峡中喧击鼓。

真龙竟寂寞，土梗空俯偻。

吁嗟公私病，税敛缺不补。

故老仰面啼，疮痍向谁数。

暴尪或前闻，鞭巫非稽古。

请先偃甲兵，处分听人主。

万邦但各业，一物休尽取。

水旱其数然，尧汤免亲睹。

江湖客杜甫

上天铄金石,群盗乱豺虎。

二者存一端,愬阳不犹愈。

昨宵殷其雷,风过齐万弩。

复吹霾翳散,虚觉神灵聚。

气暍肠胃融,汗滋衣裳污。

吾衰尤拙计,失望筑场圃。

火

楚山经月火,大旱则斯举。

旧俗烧蛟龙,惊惶致雷雨。

爆嵌魑魅泣,崩冻岚阴旴。

罗落沸百泓,根源皆万古。

青林一灰烬,云气无处所。

入夜殊赫然,新秋照牛女。

风吹巨焰作,河棹腾烟柱。

势俗焚昆仑,光弥焌洲渚。

腥至焦长蛇,声吼缠猛虎。

神物已高飞,不见石与土。

尔宁要谤讟,凭此近荧侮。

薄关长吏忧,甚昧至精主。

第九章 抵达夔州

远迁谁扑灭，将恐及环堵。
流汗卧江亭，更深气如缕。

热三首

一

雷霆空霹雳，云雨竟虚无。
炎赫衣流汗，低垂气不苏。
乞为寒水玉，愿作冷秋菰。
何似儿童岁，风凉出舞雩。

信行远修水筒

汝性不茹荤，清静仆夫内。
秉心识本源，于事少滞碍。
云端水筒坼，林表山石碎。
触热藉子修，通流与厨会。
往来四十里，荒险崖谷大。
日曛惊未餐，貌赤愧相对。
浮瓜供老病，裂饼尝所爱。
于斯答恭谨，足以殊殿最。

* * *

行诸直如笔，用意崎岖外。

江湖客杜甫

催宗文树鸡栅

吾衰怯行迈,旅次展崩迫。
愈风传乌鸡,秋卵方漫吃。
自春生成者,随母向百翻。
驱趁制不禁,喧呼山腰宅。
课奴杀青竹,终日憎赤帻。
蹋藉盘案翻,塞蹊使之隔。
墙东有隙地,可以树高栅。
避热时来归,问儿所为迹。
织笼曹其内,令人不得掷。
稀间可突过,觜爪还污席。
我宽螻蚁遭,彼免狐貉厄。
应宜各长幼,自此均勍敌。
笼栅念有修,近身见损益。
明明领处分,一一当剖析。

* * *

驱竖子摘苍耳

江上秋已分,林中瘴犹剧。
畦丁告劳苦,无以供日夕。

第九章　抵达夔州

蓬莠独不焦，野蔬暗泉石。
卷耳况疗风，童儿且时摘。
侵星驱之去，烂熳任远适。
放筐亭午际，洗剥相蒙幂。
登床半生熟，下箸还小益。
加点瓜薤间，依稀橘奴迹。

* * *

雨

峡云行清晓，烟雾相裴回。
风吹苍江树，雨洒石壁来。
凄凄生馀寒，殷殷兼出雷。
白谷变气候，朱炎安在哉。
高鸟湿不下，居人门未开。
楚宫久已灭，幽佩为谁哀。
侍臣书王梦，赋有冠古才。
冥冥翠龙驾，多自巫山台。

雨二首

一

青山澹无姿，白露谁能数。

片片水上云,萧萧沙中雨。

殊俗状巢居,曾台俯风渚。

佳客适万里,沈思情延伫。

挂帆远色外,惊浪满吴楚。

久阴蛟螭出,寇盗复几许。

二

日行有黄道赤道,雨久阴晦,故不知所行何道。

空山中宵阴,微冷先枕席。

回风起清曙,万象萋已碧。

落落出岫云,浑浑倚天石。

日假何道行,雨含长江白。

连樯荆州船,有士荷矛戟。

南防草镇惨,沾湿赴远役。

群盗下辟山,总戎备强敌。

水深云光廓,鸣橹各有适。

渔艇息悠悠,夷歌负樵客。

留滞一老翁,书时记朝夕。

第九章 抵达夔州

晚 晴

返照斜初彻,浮云薄未归。

江虹明远饮,峡雨落馀飞。

凫雁终高去,熊罴觉自肥。

秋分客尚在,竹露夕微微。

殿中杨监见示张旭草书图

传说古时人们学习书法没有纸或布来练习,便用白色丝绸代替,后将丝绸染色以制衣。杜甫认为,张旭花园内的池水必然漆黑污浊,因为许多丝绸染色前曾于此地清洗。

斯人已云亡,草圣秘难得。

及兹烦见示,满目一凄恻。

悲风生微绡,万里起古色。

锵锵鸣玉动,落落群松直。

连山蟠其间,溟涨与笔力。

有练实先书,临池真尽墨。

俊拔为之主,暮年思转极。

未知张王后,谁并百代则。

呜呼东吴精,逸气感清识。

杨公拂箧笥，舒卷忘寝食。
念昔挥毫端，不独观酒德。

白盐山

卓立群峰外，蟠根积水边。
他皆任厚地，尔独近高天。
白榜千家邑，清秋万估船。
词人取佳句，刻画竟谁传。

白　帝

白帝城中云出门，白帝城下雨翻盆。
高江急峡雷霆斗，古木苍藤日月昏。
戎马不如归马逸，千家今有百家存。
哀哀寡妇诛求尽，恸哭秋原何处村？

夔州歌十绝句

六

东屯稻畦一百顷，北有涧水通青苗。
晴浴狎鸥分处处，雨随神女下朝朝。

第九章 抵达夔州

九

武侯祠堂不可忘，中有松柏参天长。
干戈满地客愁破，云日如火炎天凉。 218

听杨氏歌

佳人绝代歌，独立发皓齿。
满堂惨不乐，响下清虚里。
江城带素月，况乃清夜起。
老夫悲暮年，壮士泪如水。
玉杯久寂寞，金管迷宫徵。
勿云听者疲，愚智心尽死。
古来杰出士，岂待一知己。
吾闻昔秦青，倾侧天下耳。 219

江湖客杜甫

第十章　居于夔州西阁

大历元年（马年）秋冬，居于西阁。公元768年

《杜诗镜铨》卷十三、十四、十五

或许，起初杜甫携同老妻及幼子所借居的屋舍，周遭环境过于喧嚣纷扰，又或是屋主出于某种缘由急需收回住所——不论何种因由，时至金秋，杜甫前往夔州东门外一个名叫西阁的小村庄，发现那里环境宜人，于是决定携家人搬到那里居住。在此期间，他创作了两首脍炙人口的佳作——《壮游》与《昔游》，此二诗我已于本自传首卷中有所援引。与此同时，他还写下众多寄情于帝国四海的挚友亲朋之作。

宿江边阁

暝色延山径，高斋次水门。

薄云岩际宿，孤月浪中翻。

鹳鹤追飞静，豺狼得食喧。

不眠忧战伐，无力正乾坤。

第十章 居于夔州西阁

西阁夜

恍惚寒山暮,逶迤白雾昏。

山虚风落石,楼静月侵门。

击柝可怜子,无衣何处村。

时危关百虑,盗贼尔犹存。

夜

飞雁传书于友人

露下天高秋水清,空山独夜旅魂惊。

疏灯自照孤帆宿,新月犹悬双杵鸣。

南菊再逢人卧病,北书不至雁无情。

步檐倚仗看牛斗,银汉遥应接凤城。

月 圆

孤月当楼满,寒江动夜扉。

委波金不定,照席绮逾依。

未缺空山静,高悬列宿稀。

故园松桂发,万里共清辉。

江湖客杜甫

雨 晴

陆机有犬曰黄耳,公元三世纪独游帝都,传信于家。

> 雨时山不改,晴罢峡如新。
> 天路看殊俗,秋江思杀人。
> 有猿挥泪尽,无犬附书频。
> 故国愁眉外,长歌欲损神。

九日诸人集于林

> 九日明朝是,相要旧俗非。
> 老翁难早出,贤客幸知归。
> 旧采黄花剩,新梳白发微。
> 漫看年少乐,忍泪已沾衣。

返 照

> 楚王宫北正黄昏,白帝城西过雨痕。
> 返照入江翻石壁,归云拥树失山村。
> 衰年肺病惟高枕,绝塞愁时早闭门。
> 不可久留豺虎乱,南方实有未招魂。

第十章　居于夔州西阁

吹　笛

吹笛秋山风月清，谁家巧作断肠声。
风飘律吕相和切，月傍关山几处明。
胡骑中宵堪北走，武陵一曲想南征。
故园杨柳今摇落，何得愁中曲尽生。

天　池

天池马不到，岚壁鸟才通。
百顷青云杪，层波白石中。
郁纡腾秀气，萧瑟浸寒空。
直对巫山出，兼疑夏禹功。
鱼龙开辟有，菱芡古今同。
闻道奔雷黑，初看浴日红。

* * *

九秋惊雁序，万里狎渔翁。
更是无人处，诛茅任薄躬。

瞿塘两崖

三峡传何处，双崖壮此门。
入天犹石色，穿水忽云根。
猱玃须髯古，蛟龙窟宅尊。

江湖客杜甫

羲和冬驭近,愁畏日车翻。

瞿唐怀古

西南万壑注,勍敌两崖开。
地与山根裂,江从月窟来。
削成当白帝,空曲隐阳台。
疏凿功虽美,陶钧力大哉。

夜宿西阁,呈元二十一曹长

城暗更筹急,楼高雨雪微。
稍通绡幕霁,远带玉绳低。
门鹊晨光起,墙乌宿处飞。
寒江流甚细,有意待人归。

阁 夜

岁暮阴阳催短景,天涯霜雪霁寒宵。
五更鼓角声悲壮,三峡星河影动摇。
野哭千家闻战伐,夷歌是处起渔樵。
卧龙跃马①终黄土,人事音书漫寂寥。

---

① "卧龙"指诸葛亮,"跃马"指公孙述。二者皆为古代英雄豪杰。——原文注

第十章 居于夔州西阁

白帝楼

漠漠虚无里,连连睥睨侵。
楼光去日远,峡影入江深。
腊破思端绮,春归待一金。
去年梅柳意,还欲搅边心。

西阁曝日

凛冽倦玄冬,负暄嗜飞阁。
羲和流德泽,颛顼愧倚薄。
毛发具自和,肌肤潜沃若。
太阳信深仁,衰气欻有托。
欹倾烦注眼,容易收病脚。
流离木杪猿,翩跹山颠鹤。

不离西阁二首

一

江柳非时发,江花冷色频。
地偏应有瘴,腊近已含春。
失学从愚子,无家住老身。

江湖客杜甫

不知西阁意,肯别定留人。

二

西阁从人别,人今亦故亭。

江云飘素练,石壁断空青。

沧海先迎日,银河倒列星。

平生耽胜事,吁骇始初经。

缚鸡行

小奴缚鸡向市卖,鸡被缚急相喧争。

家中厌鸡食虫蚁,不知鸡卖还遭烹。

虫鸡于人何厚薄,我斥奴人解其缚。

鸡虫得失无了时,注目寒江倚山阁。

立 春

春日春盘细生菜,忽忆两京梅发时。

盘出高门行白玉,菜传纤手送青丝。

巫峡寒江那对眼,杜陵远客不胜悲。

此身未知归定处,呼儿觅纸一题诗。

第十章 居于夔州西阁

江 梅

梅蕊腊前破,梅花年后多。
绝知春意好,最奈客愁何。
雪树元同色,江风亦自波。
故园不可见,巫岫郁嵯峨。

崔评事弟许相迎不到,应虑老夫见泥雨怯出,必愆佳期,走笔戏简

江阁要宾许马迎,午时起坐自天明。
浮云不负青春色,细雨何孤白帝城。
身过花间沾湿好,醉于马上往来轻。
虚疑皓首冲泥怯,实少银鞍傍险行。

昼 梦

二月饶睡昏昏然,不独夜短昼分眠。
桃花气暖眼自醉,春渚日落梦相牵。
故乡门巷荆棘底,中原君臣豺虎边。
安得务农息战斗,普天无吏横索钱。

江湖客杜甫

遣闷戏呈路十九曹长

江浦雷声喧昨夜,春城雨色动微寒。
黄鹂并坐交愁湿,白鹭群飞太剧干。
晚节渐于诗律细,谁家数去酒杯宽。
惟君最爱清狂客,百遍相看意未阑。

暮 春

卧病拥塞在峡中,潇湘洞庭虚映空。
楚天不断四时雨,巫峡常吹千里风。
沙上草阁柳新暗,城边野池莲欲红。
暮春鸳鹭立洲渚,挟子翻飞还一丛。

即 事

暮春三月巫峡长,晶晶行云浮日光。
雷声忽送千峰雨,花气浑如百和香。
黄莺过水翻回去,燕子衔泥湿不妨。
飞阁卷帘图画里,虚无只少对潇湘。

第十章 居于夔州西阁

耸立于险峻峡谷上口的赤甲山

晴二首

一

久雨巫山暗,新晴锦绣文。

碧知湖外草,红见海东云。

竟日莺相和,摩霄鹤数群。

野花干更落,风处急纷纷。

二

始贺天休雨,还嗟地出雷。

骤看浮峡过,密作渡江来。

牛马行无色,蛟龙斗不开。

干戈盛阴气,未必自阳台。

第十一章　居于夔州赤甲

大历二年（羊年）春，居于赤甲。公元769年

《杜诗镜铨》卷十五

事实证明，西阁并不适宜居住。夔城东门人来人往，人畜喧闹，杜甫身患肺痨和其他疾病，心烦意乱，疲惫不堪。因此，冬季结束时，他前往白帝城，实地考察了位于赤甲山下的赤甲村，以及坐落于溪流岸边、植被茂盛的瀼西村。这两个地方和西阁一样都标注在夔州地图上。

瀼西令杜甫心驰神往，于是在诗中表达了"卜居"的愿望。然而，杜甫一家还是暂时搬迁到了赤甲村，尽管出发时杜甫仍感到倦怠无力，但他们还是动身了。在赤甲山下，他们度过了羊年的春天。

入宅三首

一

奔峭背赤甲，断崖当白盐。

客居愧迁次，春酒渐多添。

花亚欲移竹,鸟窥新卷帘。

衰年不敢恨,胜概欲相兼。

赤 甲

卜居赤甲迁居新,两见巫山楚水春。

炙背可以献天子,美芹由来知野人。

荆州郑薛寄书近,蜀客郗岑非我邻。

笑接郎中评事饮,病从深酌道吾真。

第十二章　居于夔州瀼西

大历二年（羊年）三月至大历三年（猴年）一月，居于瀼西。公元767年至768年

《杜诗镜铨》卷十五、十六、十七、十八

时值暮春，杜甫一家在瀼西安顿下来，直至最后他们离开夔州。此时正值清明时节，他们按照陕西的风俗吃预先煮好的冷食。农先生对此作了说明："寒食节里烟与火都被禁止，杜甫遵循先人传统，教导儿子们如何行事。他还引用了一句中国谚语，不知艾女士是否听过？我们说：'长江后浪推前浪，浮世新人换旧人。'"

尽管杜甫身患重病，不仅饱受多年肺病的折磨，还新添了消渴之症（即糖尿病的古称），然而，在瀼西的日子里，他似乎觅得了一份难得的欢愉。除了栖身之所，他还拥有一片位于溪流对岸的果园，这片园地成了他时常独自徜徉、流连忘返的心灵绿洲。此间，他所创作的诗篇被精心编纂于《杜诗镜铨》之中，洋洋洒洒，竟达三卷之巨，字里行间细腻入微地勾勒出了他周遭环境的每一处风

江湖客杜甫

貌。正如我先前所引《夔州志》所述:"一木一草,皆成吟咏之资。"在这些诗作中,杜甫展现了一位内心充满柔情的老者形象,同时也是一位对文字怀有无比热爱与深情的伟大诗人。

熟食日示宗文宗武

消渴游江汉,羁栖尚甲兵。
几年逢熟食,万里逼清明。
松柏邛山路,风花白帝城。
汝曹催我老,回首泪纵横。

又示两儿

令节成吾老,他时见汝心。
浮生看物变,为恨与年深。
长葛书难得,江州涕不禁。
团圆思弟妹,行坐白头吟。

喜观即到复题短篇二首

一

巫峡千山暗,终南万里春。

病中吾见弟,书到汝为人。

意答儿童问,来经战伐新。

泊船悲喜后,款款话归秦。

二

待尔嗔乌鹊,抛书示鹡鸰。

枝间喜不去,原上急曾经。

江阁嫌津柳,风帆数驿亭。

应论十年事,愁绝始星星。

醉为马坠,诸公携酒相看

甫也诸侯老宾客,罢酒酣歌拓金戟。

骑马忽忆少年时,散蹄迸落瞿塘石。

白帝城门水云外,低身直下八千尺。

粉堞电转紫游缰,东得平冈出天壁。

江村野堂争入眼,垂鞭嚲鞚凌紫陌。

向来皓首惊万人,自倚红颜能骑射。

安知决臆追风足,朱汗骖騧犹喷玉。

不虞一蹶终损伤,人生快意多所辱。

职当忧戚伏衾枕,况乃迟暮加烦促。

明知来问腆我颜,杖藜强起依僮仆。
语尽还成开口笑,提携别扫清溪曲。
酒肉如山又一时,初筵哀丝动豪竹。
共指西日不相贷,喧呼且覆杯中渌。

竖子至

楂梨且缀碧,梅杏半传黄。
小子幽园至,轻笼熟柰香。
山风犹满把,野露及新尝。
欲寄江湖客,提携日月长。

过客相寻

穷老真无事,江山已定居。
地幽忘盥栉,客至罢琴书。
挂壁移筐果,呼儿问煮鱼。
时闻系舟楫,及此问吾庐。

园

仲夏流多水,清晨向小园。
碧溪摇艇阔,朱果烂枝繁。

第十二章 居于夔州瀼西

始为江山静,终防市井喧。

畦蔬绕茅屋,自足媚盘餐。

园官送菜

并序

园官送菜把,本数日阙。矧苦苣、马齿,掩乎嘉蔬。伤小人妒害君子,菜不足道也,比而作诗。

清晨蒙菜把,常荷地主恩。

守者愆实数,略有其名存。

苦苣刺如针,马齿叶亦繁。

青青嘉蔬色,埋没在中园。

园吏未足怪,世事固堪论。

呜呼战伐久,荆棘暗长原。

乃知苦苣辈,倾夺蕙草根。

小人塞道路,为态何喧喧。

又如马齿盛,气拥葵荏昏。

点染不易虞,丝麻杂罗纨。

一经器物内,永挂粗刺痕。

志士采紫芝,放歌避戎轩。

畦丁负笼至,感动百虑端。

江湖客杜甫

园人送瓜

江间虽炎瘴,瓜熟亦不早。

柏公镇夔国,滞务兹一扫。

食新先战士,共少及溪老。

倾筐蒲鸽①青,满眼颜色好。

竹竿接嵌窦,引注来鸟道。

课伐木

并序

课隶人伯夷、辛秀、信行等,入谷斩阴木,人日四根止。

维条伊枚,正直挺然。晨征暮返,委积庭内。我有藩篱,是缺是补,载伐筱荡,伊仗支持,则旅次于小安。山有虎,知禁,若恃爪牙之利,必昏黑搪突。

夔人屋壁,列树白菊,镘为墙,实以竹,示式遏。为与虎近,混沦乎无良。宾客忧害马之徒,苟活为幸,可嘿息已。作诗示宗武诵。

---

① 蒲鸽即哈密瓜。——原文注

第十二章 居于夔州瀼西

长夏无所为,客居课奴仆。

清晨饭其腹,持斧入白谷。

青冥曾巅后,十里斩阴木。

人肩四根已,亭午下山麓。

尚闻丁丁声,功课日各足。

苍皮成委积,素节相照烛。

籍汝跨小篱,当伎苦虚竹。

空荒咆熊罴,乳兽待人肉。

不示知禁情,岂惟干戈哭。

城中贤府主,处贵如白屋。

萧萧理体净,蜂虿不敢毒。

虎穴连里闾,堤防旧风俗。

泊舟沧江岸,久客慎所触。

舍西崖峤壮,雷雨蔚含蓄。

墙宇资屡修,衰年怯幽独。

尔曹轻执热,为我忍烦促。

秋光近青岑,季月当泛菊。

报之以微寒,共给酒一斛。

江湖客杜甫

槐叶冷淘

青青高槐叶，采掇付中厨。
新面来近市，汁滓宛相俱。
入鼎资过熟，加餐愁欲无。
碧鲜俱照箸，香饭兼苞芦。
经齿冷于雪，劝人投此珠。

* * *

滟滪

滟滪既没孤根深，西来水多愁太阴。
江天漠漠鸟双去，风雨时时龙一吟。
舟人渔子歌回首，估客胡商泪满襟。
寄语舟航恶年少，休翻盐井横黄金。

秋行官张望督促东渚耗稻向毕，清晨遣女奴阿稽、竖子阿段往问

东渚雨今足，伫闻粳稻香。
上天无偏颇，蒲稗各自长。
人情见非类，田家戒其荒。

第十二章　居于夔州瀼西

功夫竞挦挦，除草置岸旁。
谷者命之本，客居安可忘。
青春具所务，勤垦免乱常。
吴牛力容易，并驱动莫当。
丰苗亦已概，云水照方塘。
有生固蔓延，静一资堤防。
督领不无人，提携颇在纲。
荆扬风土暖，肃肃候微霜。
尚恐主守疏，用心未甚臧。
清朝遣婢仆，寄语逾崇冈。

* * *

西成聚必散，不独陵我仓。
岂要仁里誉，感此乱世忙。
北风吹蒹葭，蟋蟀近中堂。
荏苒百工休，郁纡迟暮伤。

甘　林

舍舟越西冈，入林解我衣。
青刍适马性，好鸟知人归。
晨光映远岫，夕露见日晞。

江湖客杜甫

迟暮少寝食,清旷喜荆扉。

经过倦俗态,在野无所违。

试问甘藜藿,未肯羡轻肥。

喧静不同科,出处各天机。

勿矜朱门是,陋此白屋非。

明朝步邻里,长老可以依。

时危赋敛数,脱粟为尔挥。

相携行豆田,秋花霭菲菲。

子实不得吃,货市送王畿。

尽添军旅用,迫此公家威。

主人长跪问,戎马何时稀。

我衰易悲伤,屈指数贼围。

劝其死王命,慎莫远奋飞。

秋风二首

一

秋风淅淅吹巫山,上牢下牢修水关。

吴樯楚柁牵百丈,暖向神都寒未还。

要路何日罢长戟,战自青羌连百蛮。

中巴不曾消息好,暝传戍鼓长云间。

第十二章 居于夔州瀼西

二

秋风渐渐吹我衣,东流之外西日微。

天清小城捣练急,石古细路行人稀。

不知明月为谁好,早晚孤帆他夜归。

会将白发倚庭树,故园池台今是非。

溪 上

峡内淹留客,溪边四五家。

古苔生迮地,秋竹隐疏花。

塞俗人无井,山田饭有沙。

西江使船至,时复问京华。

雨

万木云深隐,连山雨未开。

风扉掩不定,水鸟过仍回。

鲛馆如鸣杼,樵舟岂伐枚。

清凉破炎毒,衰意欲登台。

舍弟观归蓝田迎新妇,送示二首

汝去迎妻子,高秋念却回。

即今萤已乱,好与雁同来。

东望西江水,南游北户开。

卜居期静处,会有故人杯。

楚塞难为路,蓝田莫滞留。

衣裳判白露,鞍马信清秋。

满峡重江水,开帆八月舟。

此时同一醉,应在仲宣楼。

第五弟丰独在江左,近三四载寂无消息,觅使寄此二首

一

乱后嗟吾在,羁栖见汝难。

草黄骐骥病,沙晚鹡鸰寒。

楚设关城险,吴吞水府宽。

十年朝夕泪,衣袖不曾干。

二

闻汝依山寺,杭州定越州。

风尘淹别日,江汉失清秋。

第十二章 居于夔州瀼西

影盖啼猿树，魂飘结蜃楼。
明年下春水，东尽白云求。 259

别李秘书始兴寺所居

不见秘书心若失，及见秘书失心疾。
安为动主理信然，我独觉子神充实。
重闻西方止观经，老身古寺风泠泠。
妻儿待我且归去，他日杖藜来细听。

君不见简苏徯

君不见道边废弃池？君不见前者摧折桐？
百年死树中琴瑟，一斛旧水藏蛟龙。 260
丈夫盖棺事始定，君今幸未成老翁，何恨憔悴在山中？
深山穷谷不可处，霹雳魍魉兼狂风。

杜甫最长诗作

这首著名作品共有两百行、一千字，不仅是杜甫笔下最长的诗，也是中国文学史上最长的诗。理雅各在其《诗经》译本的前言中引用了该诗，但并未将其译为英文。

 江湖客杜甫

事实上，据我所知，冯·查赫博士（Herr Dr.Ritter von Zach）的德文译本是该诗唯一的欧洲语言译本，发表于1925年的《亚洲学刊》①（*Asia Major*）。虽然在某些细节上，我对本诗的解读与冯·查赫博士不尽相同，但他对这首诗的细致分析给了我很大的帮助和启发。

这首诗所描写的两位人物都曾身居要职：丞相岑参如今致仕，居于峡江下游江陵；而皇族宗室李之芳现居宜陵（今宜昌），杜甫还为他写了其他几首诗。公元763年，李之芳任御史大夫出使吐蕃，并在那里遭受了两年的监禁。回朝后，皇帝对其百般优待。

为精准传达原意并引导读者深入理解，我对此诗进行了细致的分段，并精心穿插了一些标题。诚然，我完全有能力为诗作添加详尽的注释，多达百条亦非难事，但我选择了留白。翻译此诗实属不易，杜甫仿佛绞尽脑汁探寻复杂的表意文字和非同寻常的词组搭配。尽管如此，这首诗结构严谨，内容充实，提供了大量关于杜甫生活的细节和深刻洞见。

---

① 《亚洲学刊》（*Asia Major*）是一本专注于亚洲研究的学术期刊，其历史可以追溯到1923年在德国由出版人兼学者布鲁诺·辛德勒（Bruno Schindler）创立。——译者注

第十二章 居于夔州瀼西

在该诗第一节中,我们了解到"消渴症"(即糖尿病)已伴随他三年之久。第三节显示,他仍在祖籍之地拥有田产,后文提及的土曲村便是其所在。此外,我们还知晓,他出席了一场宴会,显然是由夔州刺史所设,宴会上,他满怀哀愁地聆听着开元盛世——即明皇(唐玄宗)辉煌鼎盛时期——所创作的曲调。

第四节让人回想起肃宗的时代,杜甫通过典故将李光弼和郭子仪,这两位拯救帝国的英雄,与古代的英雄进行比较。

第六节所提之"筌"借用庄子言论:"得鱼而忘筌;得兔而忘蹄"①。杜甫借此典故意指郑、李二人独创性的表达已经成为日常用语,人们在使用这一表达时,却忘记了其最初的来源。在同节中,他还提到"汗血宝马",此类骏马品质极佳,同下文所提及"楚江之鹤"相呼应,亦乃鹤中极品。

第八节以一个奇特的词语表达开头:"雕虫"。该词喻指对文学创作执着专注之人。随后,他细腻地勾勒了周遭的环境,讲述了自己栖身于一座拥有八九根屋梁的小屋中

---

① 出自《庄子·杂篇·外物》:筌者所以在鱼,得鱼而忘筌;蹄者所以在兔,得兔而忘蹄;言者所以在意,得意而忘言。——译者注

的生活。在瀼西的静养时光里,他的身体逐渐康复。他感受到体内再次涌动着充沛的精力,心中重新燃起了踏上旅途的热切渴望。

第十一节提到,杜甫深信佛教(信仰释迦牟尼),诗中提到他自己隐居寺院,潜心研究佛法,不再用"神仙传说"来蒙蔽自己。据《列仙传》记载,偓佺善于飞行,常上山采药,以松果为实。据说他曾向尧帝进献松果,但遭到冷漠拒绝。然而,尧帝随从的人员却十分乐意接受这些松果,他们吃过之后竟活到三百岁。

杜甫联想到著名画家顾恺之曾致力于佛教题材创作,随后立志效仿丁令威①,化为仙鹤自东土归来,又思及马援②于南疆(即今安南之地)目睹飞鸢深坠波涛之景。换言之,他意在步此二贤后尘,远赴佛教圣地,虔诚参拜。然而诗篇收尾之处,却流露出一抹不确定之情愫:杜甫自问,于终极之际,自己能否真正超脱尘世之"现实羁绊"?

---

① 旧题晋陶潜《搜神后记》卷一载:丁令威,本辽东人,学道于灵虚山,后化鹤归辽,集城门华表柱。后以"归鹤"喻不忘故乡之人。——译者注

② 《东观汉记·马援》记载,马援征伐交趾,谓其僚属:"吾在浪泊西里间,虏未灭之时,下潦上雾,毒气熏蒸,仰视乌鸢跕跕堕水中,卧念少游平生时语,何可得也!"《后汉书·马援列传》亦载,作"仰视飞鸢跕跕堕水中。"跕鸢,言瘴气之盛,虽鸢鸟亦难以飞越而堕落。后引以为典,多喻指艰难险阻。——译者注

第十二章　居于夔州瀼西

秋日夔府咏怀奉寄郑监李宾客一百韵

第一节　夔府经历

绝塞乌蛮北，孤城白帝边。

飘零仍百里，消渴已三年。

雄剑鸣开匣，群书满系船。

乱离心不展，衰谢日萧然。

筋力妻孥问，菁华岁月迁。

登临多物色，陶冶赖诗篇。

第二节　大地之本

峡束沧江起，岩排石树圆。

拂云霾楚气，朝海蹴吴天。

煮井为盐速，烧畲度地偏。

有时惊叠嶂，何处觅平川。

鸂鶒双双舞，猕猿垒垒悬。

碧萝长似带，锦石小如钱。

春草何曾歇，寒花亦可怜。

猎人吹戍火，野店引山泉。

第三节　个人况状

唤起搔头急，扶行几屐穿。

两京犹薄产，四海绝随肩。

幕府初交辟，郎官幸备员。

瓜时犹旅寓，萍泛苦夤缘。

药饵虚狼藉，秋风洒静便。

开襟驱瘴疠，明目扫云烟。

高宴诸侯礼，佳人上客前。

哀筝伤老大，华屋艳神仙。

南内开元曲，常时弟子传。

法歌声变转，满座涕潺湲。

第四节　长安忆事

吊影夔州僻，回肠杜曲煎。

即今龙厩水，莫带犬戎膻。

耿贾扶王室，萧曹拱御筵。

乘威灭蜂虿，戮力效鹰鹯。

旧物森犹在，凶徒恶未悛。

国须行战伐，人忆止戈鋋。

奴仆何知礼，恩荣错与权。

第十二章 居于夔州瀼西

胡星一彗孛,黔首遂拘挛。

第五节 二友境遇

哀痛丝纶切,烦苛法令蠲。

业成陈始王,兆喜出于畋。

宫禁经纶密,台阶翊戴全。

熊黑载吕望,鸿雁美周宣。

第六节 二友之才情、友谊与人生

侧听中兴主,长吟不世贤。

音徽一柱数,道里下牢千。

郑李光时论,文章并我先。

阴何尚清省,沈宋欻联翩。

律比昆仑竹,音知燥湿弦。

风流俱善价,慊当久忘筌。

置驿常如此,登龙盖有焉。

虽云隔礼数,不敢坠周旋。

高视收人表,虚心味道玄。

马来皆汗血,鹤唳必青田。

羽翼商山起,蓬莱汉阁连。

江湖客杜甫

管宁纱帽净，江令锦袍鲜。

东郡时题壁，南湖日扣舷。

远游凌绝境，佳句染华笺。

第七节　孤独之至，欲拜二友

每欲孤飞去，徒为百虑牵。

生涯已寥落，国步乃迍邅。

衾枕成芜没，池塘作弃捐。

别离忧怛怛，伏腊涕涟涟。

露菊班丰镐，秋蔬影涧瀍。

共谁论昔事，几处有新阡。

富贵空回首，喧争懒著鞭。

兵戈尘漠漠，江汉月娟娟。

局促看秋燕，萧疏听晚蝉。

第八节　贫而不甘

雕虫蒙记忆，烹鲤问沈绵。

卜羡君平杖，偷存子敬毡。

囊虚把钗钏，米尽坼花钿。

甘子阴凉叶，茅斋八九椽。

第十二章 居于夔州瀼西

阵图沙北岸，市暨瀼西巅。
羁绊心常折，栖迟病即痊。
紫收岷岭芋，白种陆池莲。
色好梨胜颊，穰多栗过拳。
敕厨唯一味，求饱或三鳣。
儿去看鱼笱，人来坐马鞯。
缚柴门窄窄，通竹溜涓涓。
堑抵公畦棱，村依野庙壖。
缺篱将棘拒，倒石赖藤缠。

第九节 命运不同，恳劝二友致力家国

借问频朝谒，何如稳醉眠。
谁云行不逮，自觉坐能坚。
雾雨银章涩，馨香粉署妍。
紫鸾无近远，黄雀任翩翾。
困学违从众，明公各勉旃。
声华夹宸极，早晚到星躔。
恳谏留匡鼎，诸儒引服虔。
不逢输鲠直，会是正陶甄。
宵旰忧虞轸，黎元疾苦骈。
云台终日画，青简为谁编。

第十节　欲离夔州入佛静修，途遇二友

行路难何有，招寻兴已专。

由来具飞楫，暂拟控鸣弦。

身许双峰寺，门求七祖禅。

落帆追宿昔，衣褐向真诠。

安石名高晋，昭王客赴燕。

途中非阮籍，查上似张骞。

披拂云宁在，淹留景不延。

风期终破浪，水怪莫飞涎。

他日辞神女，伤春怯杜鹃。

淡交随聚散，泽国绕回旋。

第十一节　欲造访佛教圣地精修佛法，然恐难脱尘世纷扰

本自依迦叶，何曾藉偓佺。

炉峰生转盼，橘井尚高褰。

东走穷归鹤，南征尽跕鸢。

晚闻多妙教，卒践塞前愆。

顾凯丹青列，头陀琬琰镌。

众香深黯黯，几地肃芊芊。

第十二章　居于夔州瀼西

勇猛为心极，清羸任体屏。
金篦空刮眼，镜象未离铨。

在瀼西寄居期间，杜甫创作了两组著名的诗篇。首先是《秋野五首》，这五首诗浑然天成，共成一题，其中我仅引用三首。有评论写道："其意在平、贫、乐、志，即吾志在贫中得乐。"另一组作品则是关于动物、鸟类和鱼的诗。

评论者们在这组"动物诗"（如若可以这样称之）中，品读出了几分深意：譬如，鹦鹉好似杜甫自身的映照，他空有才华，却在同辈中知音难觅、未受珍视；诗至第七行提及杨修，他是大将曹操的宠臣，最终却因疑忌之爱被主公处死，与杜甫怀才不遇的境遇隐隐呼应；大雁孤飞的姿态，恰似杜甫漂泊在外、远离一众学者的孤独身影；而那自在翱翔的海鸥，则代表着杜甫不流于世俗、孤高淡雅的高尚情操。公鸡的"五德"值得一提：首戴冠者，文也；足傅距者，武也；敌在前敢斗者，勇也；得食相告，仁也；守夜不失时，信也。①

---

① 西汉初期，韩婴在《韩诗外传》中称"鸡有五德"：头戴冠者文也；足搏距者武也；敌在前敢斗者勇也；见食相呼者仁也；守夜不失时者信也。归纳为文、武、勇、仁、信"五德"。——译者注

江湖客杜甫

杜甫在诗中提到黄鱼徒劳模仿龙的外表,却不具备龙的品行,极为讽刺;而小白鱼则被认为象征了受政府税负压迫,并在四面八方受到叛军或蛮族侵扰的贫苦百姓。

秋野五首

一

秋野日疏芜,寒江动碧虚。
系舟蛮井络,卜宅楚村墟。
枣熟从人打,葵荒欲自锄。
盘餐老夫食,分减及溪鱼。

三

礼乐攻吾短,山林引兴长。
掉头纱帽仄,曝背竹书光。
风落收松子,天寒割蜜房。
稀疏小红翠,驻屐近微香。

四

远岸秋沙白,连山晚照红。
潜鳞输骇浪,归翼会高风。

第十二章 居于夔州瀼西

砧响家家发,樵声个个同。

飞霜任青女,赐被隔南宫。

课小竖鉏斫舍北果林,枝蔓荒秽,净讫移床三首

一

病枕依茅栋,荒鉏净果林。

背堂资僻远,在野兴清深。

山雉防求敌,江猿应独吟。

泄云高不去,隐几亦无心。

解闷十二首

一

草阁柴扉星散居,浪翻江黑雨飞初。

山禽引子哺红果,溪友得钱留白鱼。

二

商胡离别下扬州,忆上西陵故驿楼。

为问淮南米贵贱,老夫乘兴欲东流。

江湖客杜甫

五

李陵苏武是吾师,孟子论文更不疑。

一饭未曾留俗客,数篇今见古人诗。

鹦 鹉

鹦鹉含愁思,聪明忆别离。

翠衿浑短尽,红觜漫多知。

未有开笼日,空残旧宿枝。

世人怜复损,何用羽毛奇。

孤 雁

孤雁不饮啄,飞鸣声念群。

谁怜一片影,相失万重云?

望尽似犹见,哀多如更闻。

野鸦无意绪,鸣噪自纷纷。

鸥

江浦寒鸥戏,无他亦自饶。

却思翻玉羽,随意点春苗。

雪暗还须浴,风生一任飘。

第十二章 居于夔州瀼西

几群沧海上，清影日萧萧。

猿

袅袅啼虚壁，萧萧挂冷枝。
艰难人不见，隐见尔如知。
惯习元从众，全生或用奇。
前林腾每及，父子莫相离。

麂

永与清溪别，蒙将玉馔俱。
无才逐仙隐，不敢恨庖厨。
乱世轻全物，微声及祸枢。
衣冠兼盗贼，饕餮用斯须。

鸡

纪德名标五，初鸣度必三。
殊方听有异，失次晓无惭。
问俗人情似，充庖尔辈堪。
气交亭育际，巫峡漏司南。

江湖客杜甫

黄 鱼

日见巴东峡,黄鱼出浪新。
脂膏兼饲犬,长大不容身。
筒桶相沿久,风雷肯为神。
泥沙卷涎沫,回首怪龙鳞。

白 小

白小群分命,天然二寸鱼。
细微沾水族,风俗当园蔬。
入肆银花乱,倾箱雪片虚。
生成犹拾卵,尽取义何如。

秋 清

高秋苏病气,白发自能梳。
药饵憎加减,门庭闷扫除。
杖藜还客拜,爱竹遣儿书。
十月江平稳,轻舟进所如。

瀼西东北,靠近茂密的森林,有一处名为东屯的地方,以美味的稻米而闻名。据注释记载,这片田地最早由公孙述开垦,用以供养他的军队。大家应记得,这位英雄

第十二章　居于夔州瀼西

在公元 36 年去世，曾自称蜀帝。传说他见到一条白龙从井中升起，因而选择白色为帝王之色。他便是白帝城的缔造者，而白帝城是杜甫常去的地方。

东屯中一部分稻田归杜甫支配使用，他精心监督稻谷收割，在整个农忙时节往返于东屯与瀼西的村落之间。

虽然杜甫看似心满意足，但思乡之情依然萦绕心头，心中惆怅着未竟之旅，渴望继续前行。他厌倦了漂泊在外、身处异乡的岁月，不禁感叹："十载江湖客，茫茫迟暮心。①"

自瀼西荆扉且移居东屯茅屋四首

一

白盐危峤北，赤甲古城东。
平地一川稳，高山四面同。
烟霜凄野日，粳稻熟天风。
人事伤蓬转，吾将守桂丛。

二

东屯复瀼西，一种住青溪。
来往皆茅屋，淹留为稻畦。
市喧宜近利，林僻此无蹊。

---

① 见杜甫诗歌《凭孟仓曹将书觅土娄旧庄》："十载江湖客，茫茫迟暮心。"——译者注

江湖客杜甫

若访衰翁语,须令剩客迷。

八月十五夜月二首

一

满月飞明镜,归心折大刀。
转蓬行地远,攀桂仰天高。
水路疑霜雪,林栖见羽毛。
此时瞻白兔,直欲数秋毫。

十六夜玩月

旧挹金波爽,皆传玉露秋。
关山随地阔,河汉近人流。
谷口樵归唱,孤城笛起愁。
巴童浑不寐,半夜有行舟。

十七夜对月

秋月仍圆夜,江村独老身。
卷帘还照客,倚杖更随人。
光射潜虬动,明翻宿鸟频。
茅斋依橘柚,清切露华新。

第十二章 居于夔州瀼西

晓望

白帝更声尽,阳台曙色分。
高峰寒上日,叠岭宿霾云。
地坼江帆隐,天清木叶闻。
荆扉对麋鹿,应共尔为群。

日暮

牛羊下来久,各已闭柴门。
风月自清夜,江山非故园。
石泉流暗壁,草露滴秋根。
头白灯明里,何须花烬繁。

凭孟仓曹将书觅土娄旧庄

平居丧乱后,不到洛阳岑。
为历云山问,无辞荆棘深。
北风黄叶下,南浦白头吟。
十载江湖客,茫茫迟暮心。

九日五首

一

重阳独酌杯中酒,抱病起登江上台。

第十二章　居于夔州瀼西

竹叶于人既无分，菊花从此不须开。
殊方日落玄猿哭，旧国霜前白雁来。
弟妹萧条各何在，干戈衰谢两相催！

登　高

风急天高猿啸哀，渚清沙白鸟飞回。
无边落木萧萧下，不尽长江滚滚来。
万里悲秋常作客，百年多病独登台。
艰难苦恨繁霜鬓，潦倒新停浊酒杯。

寄柏学士林居

自胡之反持干戈，天下学士亦奔波。
叹彼幽栖载典籍，萧然暴露依山阿。
青山万里静散地，白雨一洗空垂萝。
乱代飘零余到此，古人成败子如何。
荆扬春冬异风土，巫峡日夜多云雨。
赤叶枫林百舌鸣，黄泥野岸天鸡舞。
盗贼纵横甚密迩，形神寂寞甘辛苦。
几时高议排金门，各使苍生有环堵。

江湖客杜甫

小 园

由来巫峡水,本自楚人家。
客病留因药,春深买为花。
秋庭风落果,瀼岸雨颓沙。
问俗营寒事,将诗待物华。

耳 聋

(杜甫将自己比作传说中的仙人"鹿皮翁",
继续讲述自己的故事)

* * *

眼复几时暗,耳从前月聋。
猿鸣秋泪缺,雀噪晚愁空。
黄落惊山树,呼儿问朔风。

独坐二首

人到八十岁后会畏寒,需要有伴同眠,所谓八十非人不暖也。北方燕地女子皮肤白皙,被称为"白玉"。

一

竟日雨冥冥,双崖洗更青。

第十二章 居于夔州瀼西

水花寒落岸,山鸟暮过庭。
暖老须燕玉,充饥忆楚萍。
胡笳在楼上,哀怨不堪听。

二

白狗斜临北,黄牛更在东。
峡云常照夜,江月会兼风。
晒药安垂老,应门试小童。
亦知行不逮,苦恨耳多聋。

暂往白帝复还东屯

复作归田去,犹残获稻功。
筑场怜穴蚁,拾穗许村童。
落杵光辉白,除芒子粒红。
加餐可扶老,仓庾慰飘蓬。

茅堂检校收稻二首

一

香稻三秋末,平田百顷间。

江湖客杜甫

喜无多屋宇,幸不碍云山。
御夹侵寒气,尝新破旅颜。
红鲜终日有,玉粒未吾悭。

刈稻了咏怀

稻获空云水,川平对石门。
寒风疏落木,旭日散鸡豚。
野哭初闻战,樵歌稍出村。
无家问消息,作客信乾坤。

大历二年九月三十日

为客无时了,悲秋向夕终。
瘴馀夔子国,霜薄楚王宫。
草敌虚岚翠,花禁冷叶红。
年年小摇落,不与故园同。

朝二首

一

清旭楚宫南,霜空万岭含。
野人时独往,云木晓相参。

俊鹘无声过，饥乌下食贪。
病身终不动，摇落任江潭。

奉送卿二翁统节度镇军还江陵

火旗还锦缆，白马出江城。
嘹唳吟笳发，萧条别浦清。
寒空巫峡曙，落日渭阳明。
留滞嗟衰疾，何时见息兵。

锦树行

今日苦短昨日休，岁云暮矣增离忧。
霜凋碧树待锦树。万壑东逝无停留。
荒戍之城石色古，东郭老人住青丘。
飞书白帝营斗粟，琴瑟几杖柴门幽。
青草萋萋尽枯死，天马跂足随牦牛。
自古圣贤多薄命，奸雄恶少皆封侯。
故国三年一消息。终南渭水寒悠悠。
五陵豪贵反颠倒，乡里小儿狐白裘。
生男堕地要膂力，一生富贵倾邦国。
莫愁父母少黄金，天下风尘儿亦得。

写怀二首

一

劳生共乾坤,何处异风俗。
冉冉自趋竞,行行见羁束。
无贵贱不悲,无富贫亦足。
万古一骸骨,邻家递歌哭。
鄙夫到巫峡,三岁如转烛。
全命甘留滞,忘情任荣辱。
朝班及暮齿,日给还脱粟。
编蓬石城东,采药山北谷。
用心霜雪间,不必条蔓绿。
非关故安排,曾是顺幽独。
达士如弦直,小人似钩曲。
曲直我不知,负暄候樵牧。

观公孙大娘弟子舞剑器行

并序

大历二年十月十九日,夔府别驾元持宅,见临颍李十二娘舞剑器,壮其蔚跂,问其所师,曰:"余公孙大娘弟

第十二章　居于夔州瀼西

子也。"

开元三载,余尚童稚,记于郾城观公孙氏,舞剑器浑脱,浏漓顿挫。

独出冠时,自高头宜春梨园二伎坊内人洎外供奉舞女,晓是舞者。

圣文神武皇帝初,公孙一人而已。

玉貌锦衣,况余白首。

今兹弟子,亦非盛颜。既辨其由来,知波澜莫二,抚事慷慨,聊为《剑器行》。

昔者吴人张旭,善草书帖,数常于邺县见公孙大娘舞西河剑器,自此草书长进,豪荡感激,即公孙可知矣。

昔有佳人公孙氏,一舞剑器动四方。
观者如山色沮丧,天地为之久低昂。
爦如羿射九日落,矫如群帝骖龙翔。
来如雷霆收震怒,罢如江海凝清光。
绛唇珠袖两寂寞,晚有弟子传芬芳。
临颍美人在白帝,妙舞此曲神扬扬。
与余问答既有以,感时抚事增惋伤。
先帝侍女八千人,公孙剑器初第一。

五十年间似反掌,风尘澒洞昏王室。

梨园弟子散如烟,女乐余姿映寒日。

金粟堆前木已拱,瞿唐石城草萧瑟。

玳筵急管曲复终,乐极哀来月东出。

老夫不知其所往,足茧荒山转愁疾。

冬 至

一年中最重要的朝会于此时举行。杜甫回忆其在朝任职生涯

年年至日长为客,忽忽穷愁泥杀人。

江上形容吾独老,天边风俗自相亲。

杖藜雪后临丹壑,鸣玉朝来散紫宸。

心折此时无一寸,路迷何处见三秦。

舍弟观自蓝田迎妻子到江陵喜寄三首

一

汝迎妻子达荆州,消息真传解我忧。

鸿雁影来连峡内,鹡鸰飞急到沙头。

峣关险路今虚远,禹凿寒江正稳流。

朱绂即当随彩鹢,青春不假报黄牛。

第十二章　居于夔州瀼西

二

马度秦关雪正深，北来肌骨苦寒侵。
他乡就我生春色，故国移居见客心。
剩欲提携如意舞，喜多行坐白头吟。
巡檐索共梅花笑，冷蕊疏枝半不禁。

夜　归

夜来归来冲虎过，山黑家中已眠卧。
傍见北斗向江低，仰看明星当空大。
庭前把烛嗔两炬，峡口惊猿闻一个。
白头老罢舞复歌，杖藜不睡谁能那？

晚　晴

高唐暮冬雪壮哉！旧瘴无复似尘埃。
崖沉谷没白皑皑，江石缺裂青枫摧。
南天三旬苦雾开，赤日照耀从西来，六龙寒急光徘徊。
照我衰颜忽落地，口虽吟咏心中哀。
未怪及时少年子，扬眉结义黄金台。
泊乎吾生何飘零，支离委绝同死灰。

江湖客杜甫

江 涨

江发蛮夷涨,山添雨雪流。
大声吹地转,高浪蹴天浮。
鱼鳖为人得,蛟龙不自谋。
轻帆好去便,吾道付沧洲。

元日示宗武

汝啼吾手战,吾笑汝身长。
处处逢正月,迢迢滞远方。
飘零还柏酒,衰病只藜床。
训喻青衿子,名惭白首郎。
赋诗犹落笔,献寿更称觞。
不见江东弟,高歌泪数行。

人日二首

正月一日为鸡,二日为狗,三日为猪,四日为羊,五日为牛,六日为马,七日为人。其日晴,主所生之物育,阴则灾。

一

元日至人日,未有不阴时。
冰雪莺难至,春寒花较迟。

第十二章 居于夔州瀼西

云随白水落,风振紫山悲。
蓬鬓稀疏久,无劳比素丝。

二

此日此时人共得,一谈一笑俗相看。
尊前柏叶休随酒,胜里金花巧耐寒。
佩剑冲星聊暂拔,匣琴流水自须弹。
早春重引江湖兴,直道无忧行路难。

将别巫峡,赠南卿兄瀼西果园四十亩

苔竹素所好,萍蓬无定居。
远游长儿子,几地别林庐。
杂蕊红相对,他时锦不如。
具舟将出峡,巡圃念携锄。
正月喧莺末,兹辰放鹞初。
雪篱梅可折,风榭柳微舒。
托赠卿家有,因歌野兴疏。
残生逗江汉,何处狎樵渔。

江湖客杜甫

第十三章 顺长江而下至洞庭湖

公元768年,大历三年(猴年),顺长江而下至洞庭湖。

杜甫自春季正月出发,于冬季岁末到达岳州。

《杜诗镜铨》卷十八、十九

离开三峡的时刻终于到来;长江之水,因时令而暴涨,催促着杜甫踏上新的旅程。出乎他意料的是,这份离别的情感,并未全然被喜悦所充盈,反而夹杂着一丝对夔州"壮丽景色"的深深不舍。诚然,那些山川之美,世间难寻其二,令人难以忘怀。

江流犹如"大地的动脉"在船下轰鸣作响,推动船只沿江而下。行程中略有停泊,巫峡上游的巫山县官员为杜甫设宴款待,使他深感欣慰。在江陵停留良久,秋冬之际又徘徊于公安山中。年末时分,杜甫登上岳阳楼,远眺洞庭湖。

我很想详细描述这段旅程,但农先生再次提醒道:"一切尽在诗中,杜甫的叙述比我们更生动。"

第十三章　顺长江而下至洞庭湖

大历三年春，白帝城放船出瞿塘峡，久居夔府，将适江陵，漂泊有诗，凡四十韵

老向巴人里，今辞楚塞隅。

入舟翻不乐，解缆独长吁。

窄转深啼狖，虚随乱浴凫。

石苔凌几杖，空翠扑肌肤。

叠壁排霜剑，奔泉溅水珠。

杳冥藤上下，浓澹树荣枯。

神女峰娟妙，昭君宅有无。

曲留明怨惜，梦尽失欢娱。

摆阖盘涡沸，敧斜激浪输。

风雷缠地脉，冰雪耀天衢。

鹿角真走险，狼头如跋胡。

恶滩宁变色，高卧负微躯。

书史全倾挠，装囊半压濡。

生涯临栗兀，死地脱斯须。

*　*　*

不有平川决，焉知众壑趋。

乾坤霾涨海，雨露洗春芜。

江湖客杜甫

鸥鸟牵丝飐,骊龙濯锦纾。

落霞沈绿绮,残月坏金枢。

泥笋苞初荻,沙茸出小蒲。

雁儿争水马,燕子逐樯乌。

绝岛容烟雾,环洲纳晓晡。

劳心依憩息,朗咏划昭苏。

　　　　意遣乐还笑,……

巫山县汾州唐使君十八弟宴别,兼诸公携酒乐相送,率题小诗,留于屋壁

卧病巴东久,今年强作归。

故人犹远谪,兹日倍多违。

接宴身兼杖,听歌泪满衣。

诸公不相弃,拥别惜光辉。

多病执热奉怀李尚书

作于江陵

衰年正苦病侵凌,首夏何须气郁蒸。

大水淼茫炎海接,奇峰硉兀火云升。

* * *

第十三章　顺长江而下至洞庭湖

江边星月二首

作于江陵

一

骤雨清秋夜，金波耿玉绳。

天河元自白，江浦向来澄。

映物连珠断，缘空一镜升。

馀光隐更漏，况乃露华凝。

移居公安山馆

南国昼多雾，北风天正寒。

路危行木杪，身远宿云端。

山鬼吹灯灭，厨人语夜阑。

鸡鸣问前馆，世乱敢求安。

醉歌行赠公安颜少府，请顾八题壁

神仙中人不易得，颜氏之子才孤标。

天马长鸣待驾驭，秋鹰整翮当云霄。

君不见东吴顾文学，君不见西汉杜陵老。

诗家笔势君不嫌，词翰升堂为君扫。

江湖客杜甫

是日霜风冻七泽,乌蛮落照衔赤壁。

酒酣耳热忘头白,感君意气无所惜,一为歌行歌主客。

呀鹘行

病鹘孤飞俗眼丑,每夜江边宿衰柳。

清秋落日已侧身,过雁归鸦错回首。

紧脑雄姿迷所向,疏翮稀毛不可状。

强神迷复皂雕前,俊才早在苍鹰上。

风涛飒飒寒山阴,熊罴欲蛰龙蛇深。

念尔此时有一掷,失声溅血非其心。

冬　深

花叶随天意,江溪共石根。

早霞随类影,寒水各依痕。

易下杨朱泪,难招楚客魂。

风涛暮不稳,舍棹宿谁门。

岁晏行

岁云暮矣多北风,潇湘洞庭白雪中。

渔父天寒网罟冻,莫徭射雁鸣桑弓。

去年米贵阙军食,今年米贱大伤农。
高马达官厌酒肉,此辈杼轴茅茨空。
楚人重鱼不重鸟,汝休枉杀南飞鸿。
况闻处处鬻男女,割慈忍爱还租庸。
往日用钱捉私铸,今许铅锡和青铜。
刻泥为之最易得,好恶不合长相蒙。
万国城头吹画角,此曲哀怨何时终?

夜闻觱篥

夜闻觱篥沧江上,衰年侧耳情所向。
邻舟一听多感伤,塞曲三更欻悲壮。
积雪飞霜此夜寒,孤灯急管复风湍。
君知天地干戈满,不见江湖行路难。

缆船苦风,戏题四韵,奉简郑十三判官

楚岸朔风疾,天寒鹡鸰呼。
涨沙霾草树,舞雪渡江湖。
吹帽时时落,维舟日日孤。
因声置驿外,为觅酒家垆。

江湖客杜甫

泊岳阳城下

江国逾千里,山城近百层。

岸风翻夕浪,舟雪洒寒灯。

* * *

登岳阳楼

昔闻洞庭水,今上岳阳楼。

吴楚东南坼,乾坤日夜浮。

亲朋无一字,老病有孤舟。

戎马关山北,凭轩涕泗流。

第十四章　舟居洞庭、潇湘水上

大历四年（鸡年）至大历五年（狗年），居于舟上，游历湘江。公元769年至770年

《杜诗镜铨》卷十九、二十

鸡年正月，杜甫与妻子儿女登上一艘江船，乘船南下，游历了多个地方——长沙、衡州、潭州（今湘潭）——最终在这一年结束后，将这艘船作为他们的永久居所。

鸡年之后便是狗年。此时杜甫已五十九岁。春天一家人在潭州，然而四月初夏时节，当地爆发叛乱，他们被迫逃离，决定前往郴州投靠杜甫的舅舅崔伟。于是他们南行，靠近耒阳，并将船停泊在附近的方田驿。正如杜甫所述，此地发生了水患。

有一种流传甚广的传说称，杜甫在洪水中被困于一座寺庙里，数日无粮。当地县令将他解救后，杜甫因食用过多"牛肉"、饮用过量"白酒"而导致身亡。

杜甫的诗句本身就否定了这一传言。然而，事实上，死亡的阴影已悄然将至。

324

江湖客杜甫

湖南耒阳附近宝塔雪景

第十四章 舟居洞庭、潇湘水上

据诗中描述,几个月后,秋尽冬来之际,杜甫卧于舟中,或许位于潭州与湘江上游之间,留下了他的绝笔。

杜甫漂泊半生,身后那具"羁旅之棺"曾迁往岳州。然而,时至今日,其安息之所已然成谜,恐难探寻。

登白马潭

水生春缆没,日出野船开。
宿鸟行犹去,丛花笑不来。
人人伤白首,处处接金杯。
莫道新知要,南征且未回。

南 征

春岸桃花水,云帆枫树林。
偷生长避地,适远更沾襟。
老病南征日,君恩北望心。
百年歌自苦,未见有知音。

过津口

南岳自兹近,湘流东逝深。

和风引桂楫,春日涨云岑。
回首过津口,而多枫树林。
白鱼困密网,黄鸟喧嘉音。
物微限通塞,恻隐仁者心。
瓮馀不尽酒,膝有无声琴。
圣贤两寂寞,眇眇独开襟。

早　发

有求常百虑,斯文亦吾病。
以兹朋故多,穷老驱驰并。
早行篙师怠,席挂风不正。
昔人戒垂堂,今则奚奔命。
涛翻黑蛟跃,日出黄雾映。
烦促瘴岂侵,颓倚睡未醒。
仆夫问盥栉,暮颜靦青镜。
随意簪葛巾,仰惭林花盛。
侧闻夜来寇,幸喜囊中净。
艰危作远客,干请伤直性。

第十四章　舟居洞庭、潇湘水上

清明二首

二

此身飘泊苦西东，右臂偏枯半耳聋。

寂寂系舟双下泪，悠悠伏枕左书空。

十年蹴鞠将雏远，万里秋千习俗同。

旅雁上云归紫塞，家人钻火用青枫。

秦城楼阁烟花里，汉主山河锦绣中。

春去春来洞庭阔，白苹愁杀白头翁。

衡州送李大夫七丈勉赴广州

斧钺下青冥，楼船过洞庭。

北风随爽气，南斗避文星。

日月笼中鸟，乾坤水上萍。

王孙丈人行，垂老见飘零。

江阁卧病，走笔寄呈崔卢两侍御

客子庖厨薄，江楼枕席清。

衰年病只瘦，长夏想为情。

滑忆雕胡饭，香闻锦带羹。

江湖客杜甫

溜匙兼暖腹，谁欲致杯罍。

舟中夜雪有怀卢十四侍御

朔风吹桂水，朔雪夜纷纷。
暗度南楼月，寒深北渚云。
烛斜初近见，舟重竟无闻。
不识山阴道，听鸡更忆君。

北 风

北风破南极，朱凤日威垂。
洞庭秋欲雪，鸿雁将安归。
十年杀气盛，六合人烟稀。
吾慕汉初老，时清犹茹芝。

对 雪

北雪犯长沙，胡云冷万家。
随风且间叶，带雨不成花。
金错囊从罄，银壶酒易赊。
无人竭浮蚁，有待至昏鸦。

第十四章　舟居洞庭、潇湘水上

蚕谷行

天下郡国向万城，无有一城无甲兵！

焉得铸甲作农器，一寸荒田牛得耕？

牛尽耕，蚕亦成。

不劳烈士泪滂沱，男谷女丝行复歌。

朱凤行

君不见潇湘之山衡山高，山巅朱凤声嗷嗷。

侧身长顾求其群，翅垂口噤心甚劳。

下悯百鸟在罗网，黄雀最小犹难逃。

愿分竹实及蝼蚁，尽使鸱枭相怒号。

风雨看舟前落花，戏为新句

江上人家桃树枝，春寒细雨出疏篱。

影遭碧水潜勾引，风妒红花却倒吹。

吹花困癫傍舟楫，水光风力俱相怯。

赤憎轻薄遮入怀，珍重分明不来接。

湿久飞迟半日高，萦沙惹草细于毛。

蜜蜂蝴蝶生情性，偷眼蜻蜓避百劳。

江湖客杜甫

逃 难

五十头白翁,南北逃世难。

疏布缠枯骨,奔走苦不暖。

已衰病方入,四海一涂炭。

乾坤万里内,莫见容身畔。

妻孥复随我,回首共悲叹。

故国莽丘墟,邻里各分散。

归路从此迷,涕尽湘江岸。

聂耒阳以仆阻水,书致酒肉,疗饥荒江,诗得代怀,兴尽本韵,至县呈聂令。陆路去方田驿四十里,舟行一日,时属江涨,泊于方田

耒阳驰尺素,见访荒江渺。

义士烈女家,风流吾贤绍。

昨见狄相孙,许公人伦表。

前朝翰林后,屈迹县邑小。

知我碍湍涛,半旬获浩溔。

麾下杀元戎,湖边有飞旐。

孤舟增郁郁,僻路殊悄悄。

第十四章　舟居洞庭、潇湘水上

侧惊猿猱捷，仰羡鹳鹤矫。

礼过宰肥羊，愁当置清醥。

* * *

风疾舟中，伏枕书怀三十六韵，奉呈湖南亲友

杜甫的绝笔诗

轩辕休制律，虞舜罢弹琴。

尚错雄鸣管，犹伤半死心。

羁旅杜甫的棺柩静卧于湘江一叶扁舟之上

江湖客杜甫

圣贤名古邈,羁旅病年侵。

舟泊常依震,湖平早见参。

* * *

故国悲寒望,群云惨岁阴。

水乡霾白屋,枫岸叠青岑。

郁郁冬炎瘴,濛濛雨滞淫。

鼓迎非祭鬼,弹落似鸮禽。

兴尽才无闷,愁来遽不禁。

生涯相汩没,时物自萧森。

* * *

狂走终奚适,微才谢所钦。

乌几重重缚,鹑衣寸寸针。

* * *

十暑岷山葛,三霜楚户砧。

叨陪锦帐座,久放白头吟。

* * *

春草封归恨,源花费独寻。

转蓬忧悄悄,行药病涔涔。

* * *

纳流迷浩汗,峻址得欹嵚。

第十四章　舟居洞庭、潇湘水上

城府开清旭，松筠起碧浔。

披颜争倩倩，逸足竞骎骎。 339

* * *

杜诗题录

题　目	《杜诗镜铨》页码	英文页码
卷五		
《遣兴三首》（其一、二）	13	22
《佳人》	13	23
《梦李白二首》	13	25
卷六		
《秦州杂诗二十首》		
（其一、二）	1	28
（其十二、十三）	2	29
（其十七、十八、二十）	3	30
《月夜忆舍弟》	4	32
《寄赞公房》	4	32
《寄赞上人》	5	33
《雨晴》	6	34
《遣怀》	7	34
《天河》	7	35
《初月》	7	35
《促织》	8	36
《野望》	9	36

续表

题 目	《杜诗镜铨》页码	英文页码
《从人觅小胡孙许寄》	11	37
《山寺》	10	38
《即事》	11	39
《萤火》	17	40
《寓目》	6	40
《日暮》	9	41
《捣衣》	15	41
《空囊》	10	42
《病马》	10	42
《示侄佐》	11	44
《佐还山后寄三首》(其一、二、三)	11	44
《秋日阮隐居致薤三十束》	11	46
《别赞上人》	17	47
卷七		
《发秦州》	1	50
《赤谷》	1	52
《盐井》	2	53
《法镜寺》	2	53
《石龛》	3	54
《泥功山》	3	55
《乾元中寓居同谷县作歌七首》	4-5	57
《发同谷县》	6	64

续表

题 目	《杜诗镜铨》页码	英文页码
《白沙渡》	7	65
《水会渡》	7	66
《飞仙阁》	7	67
《五盘》	7	68
《剑门》	8	69
《鹿头山》	9	71
《成都府》	9	75
《卜居》	10	76
《王十五司马弟出郭相访兼遗营草堂资》	10	77
《萧八明府堤处觅桃栽》	11	77
《从韦二明府续处觅绵竹》	11	78
《凭何十一少府邕觅桤木栽》	11	78
《凭韦少府班觅松树子》	11	78
《又于韦处乞大邑瓷碗》	11	79
《诣徐卿觅果栽》	11	79
《堂成》	11	79
《梅雨》	12	82
《为农》	12	82
《有客》	12	83
《宾至》	13	83
《狂夫》	13	84

续表

题　目	《杜诗镜铨》页码	英文页码
《田舍》	13	84
《江村》	13	85
《江涨》	13	85
《野老》	13	86
《戏题王宰画山水图歌》	16	86
《南邻》	17	87
《因崔五侍御寄高彭州》	17	88
《奉简高三十五使君》	17	88
卷八		
《村夜》	1	89
《寄赠王十将军承俊》	2	89
《奉酬李都督表丈早春作》	2	90
《西郊》	2	90
《客至》	2	91
《春夜喜雨》	3	91
《春水生》	3	92
《水槛遣心》	4	92
《暮登四安寺钟楼寄裴十迪》	4	93
《江亭》	5	93
《早起》	5	94
《落日》	5	94
《可惜》	5	95

续表

题　目	《杜诗镜铨》页码	英文页码
《徐步》	6	95
《寒食》	6	96
《高楠》	7	96
《江畔独步寻花七绝句》（其一、三）	7	97
《绝句漫兴九首》	8	98
《进艇》	9	101
《送裴五赴东川》	11	101
《楠树为风雨所拔叹》	11	102
《茅屋为秋风所破歌》	11	103
《重简王明府》	12	105
《百忧集行》	12	105
《赠花卿》	13	106
《病橘》	13	107
《所思》	14	107
《不见》	15	108
《草堂即事》	15	108
卷九		
《屏迹》	2	110
《少年行》	2	110
《即事》	2	111
《寄题杜二锦江野亭》	3	111
《奉酬严公寄题野亭之作》	3	112

续表

题 目	《杜诗镜铨》页码	英文页码
《遭田父泥饮美严中丞》	4	112
《中丞严公雨中垂寄见忆一绝,奉答二绝》	4	114
《谢严中丞送青城山道士乳酒一瓶》	5	115
《野人送朱樱》	6	115
《严公仲夏枉驾草堂,兼携酒馔,得寒字》	6	116
《严公厅宴,同咏蜀道画图,得空字》	6	117
《溪涨》	7	117
《大麦行》	7	119
《奉送严公入朝十韵》	8	120
《送严侍郎到绵州,同登杜使君江楼,得心字》	8	121
《奉济驿重送严公四韵》	9	122
《光禄坂行》	11	123
《去秋行》	11	125
《宗武生日》	11	125
《寄高适》	11	126
《客夜》	12	127
《客亭》	12	127
《九日奉寄严大夫》	12	128
《通泉驿南去通泉县十五里山水作》	16	128

续表

题　目	《杜诗镜铨》页码	英文页码
《陪王侍御同登东山最高顶，宴姚通泉，晚携酒泛江》	18	129
《闻官军收河南河北》	18	131
卷十		
《春日梓州登楼二首》（其一、二）	1	131
《春日戏题恼郝使君兄》	1	132
《柳边》	1	133
《上牛头寺》	3	134
《数陪李梓州泛江，有女乐在诸舫，戏为艳曲二首赠李》	4	134
《倚杖》	5	135
《舟前小鹅儿》	6	136
《投简梓州幕府兼简韦十郎官》	6	136
《述古三首》（其一）	8	137
《倦夜》	12	137
《王阆州筵奉酬十一舅惜别之作》	12	140
《放船》	13	141
《薄游》	13	141
《征夫》	14	142
《巴山》	15	142
《西山三首》（其一、二）	15	143
《发阆中》	16	144

续表

题 目	《杜诗镜铨》页码	英文页码
《天边行》	16	144
《冬狩行》	16	145
《山寺》	17	147
《将适吴楚,留别章使君留后,兼幕府诸公,得柳字》	18	148
《舍弟占归草堂检校聊示此诗》	18	150
卷十一		
《百舌》	1	151
《收京》	2	152
《阆山歌》	6	152
《阆水歌》	6	153
《泛江》	7	154
《渡江》	7	154
《滕王亭子二首》(其一、二)	8	155
《奉待严大夫》	9	156
《自阆州领妻子却赴蜀山行三首》(其一、二、三)	10	156
《将赴成都草堂,途中有作,先寄严郑公五首》(其一至五)	10-11	160
《草堂》	12	163
《题桃树》	12	165
《四松》	13	166

续表

题　　目	《杜诗镜铨》页码	英文页码
《破船》	13	168
《过南邻朱山人水亭》	14	168
《王录事许修草堂赀不到，聊小诘》	14	169
《绝句二首》（其一、二）	14	169
《院中晚晴怀西郭茅舍》	21	170
《村雨》	21	170
《宿府》	21	171
《遣闷奉呈严公二十韵》	22	172
《至后》	24	174
卷十二		
《营屋》	1	176
《正月三日归溪上有作，简院内诸公》	1	177
《弊庐遣兴奉寄严公》	1	178
《绝句三首》	1	179
《春日江村五首》	1	179
《长吟》	3	180
《绝句五首》（其一、二）	3	180
《绝句四首》（其一、二）	3	181
《喜雨》	3	181
《去蜀》	5	185
《宿青溪驿奉怀张员外十五兄之绪》	5	185
《狂歌行赠四兄》	5	186

续表

题 目	《杜诗镜铨》页码	英文页码
《宴戎州杨使君东楼》	5	188
《宴忠州使君侄宅》	6	188
《拨闷》	6	189
《哭严仆射归榇》	7	190
《旅夜书怀》	7	190
《放船》	7	191
《别常徵君》	8	192
《长江二首》(其一)	8	192
《怀锦水居止二首》(其二)	9	193
《十二月一日三首》(其一)	10	193
《漫成一首》	15	194
《船下夔州郭宿,雨湿不得上岸,别王十二判官》	15	194
《引水》	15	198
《示獠奴阿段》	15	198
《上白帝城二首》(其一)	16	199
《古柏行》	18	200
《负薪行》	19	201
《最能行》	19	203
卷十三		
《雷》	1	204
《火》	3	206

续表

题　目	《杜诗镜铨》页码	英文页码
《热三首》（其一）	3	208
《信行远修水筒》	5	208
《催宗文树鸡栅》	5	209
《驱竖子摘苍耳》	6	211
《雨》	7	212
《雨两首》（其一、二）	7	213
《晚晴》	8	215
《殿中杨监见示张旭草书图》	8	215
《白盐山》	10	217
《白帝》	10	217
《夔州歌十绝句》（其三、四）	11	218
《听杨氏歌》	17	219
《宿江边阁》	17	220
《西阁夜》	19	221
《夜》	19	221
卷十四		
《月圆》	2	222
《雨晴》	3	222
《九日诸人集于林》	4	223
《返照》	4	223
《吹笛》	4	224
卷十五		

续表

题　目	《杜诗镜铨》页码	英文页码
《天池》	5	225
《瞿塘两崖》	6	226
《瞿唐怀古》	6	226
《夜宿西阁，呈元二十一曹长》	6	227
《阁夜》	6	227
《白帝楼》	7	228
《西阁曝日》	7	228
《不离西阁二首》（其一、二）	7	229
《缚鸡行》	11	230
《立春》	12	231
《江梅》	12	231
《崔评事弟许相迎不到，应虑老夫见泥雨怯出，必愆佳期，走笔戏简》	12	232
《昼梦》	13	233
《遣闷戏呈路十九曹长》	13	233
《暮春》	13	234
《即事》	13	235
《晴二首》（其一）	14	235
《雨》	14	236
《入宅三首》（其一）	14	237
《赤甲》	15	238
《熟食日示宗文宗武》	16	240

续表

题　目	《杜诗镜铨》页码	英文页码
《又示两儿》	16	240
《喜观即到复题短篇二首》（其一、二）	17	241
《醉为马坠，诸公携酒相看》	18	242
卷十六		
《竖子至》	1	244
《过客相寻》	1	244
《园》	1	245
《园官送菜》	1	245
《园人送瓜》	2	247
《课伐木》	2	248
《槐叶冷淘》	3	250
《滟滪》	5	251
《秋行官张望督促东渚耗稻向毕，清晨遣女奴阿稽、竖子阿段往问》	6	252
《甘林》	7	254
《秋风二首》（其一、二）	8	255
《溪上》	9	257
《雨》	9	257
《舍弟观归蓝田迎新妇，送示二首》	10	258
《第五弟丰独在江左，近三四载寂无消息，觅使寄此二首》（其一、二）	10	259

续表

题　目	《杜诗镜铨》页码	英文页码
《别李秘书始兴寺所居》	12	260
《君不见简苏徯》	12	260
《秋日夔府咏怀奉寄郑监李宾客一百韵》	16	264
卷十七		
《秋野五首》（其一、三、四）	1	278
《课小竖鉏斫舍北果林，枝蔓荒秽，净讫移床三首》（其一）	1	280
《解闷十二首》（其一、二、五）	2	280
《鹦鹉》	6	281
《孤雁》	6	282
《鸥》	7	282
《猿》	7	283
《麂》	7	283
《鸡》	7	284
《黄鱼》	7	284
《白小》	7	285
《秋清》	8	285
《自瀼西荆扉且移居东屯茅屋四首》（其一、二）	8	286
《八月十五夜月二首》（其一）	9	287
《十六夜玩月》	9	288

续表

题　　目	《杜诗镜铨》页码	英文页码
《十七夜对月》	9	288
《晓望》	9	289
《日暮》	10	289
《凭孟仓曹将书觅土娄旧庄》	11	290
《九日五首》（其一）	11	290
《登高》	11	291
《寄柏学士林居》	13	292
《小园》	15	293
《耳聋》	16	293
《独坐二首》（其一、二）	16	294
《暂往白帝复还东屯》	19	295
《茅堂检校收稻二首》（其一）	19	296
《刈稻了咏怀》	20	296
《大历二年九月三十日》	20	297
《朝二首》（其一）	20	297
《奉送卿二翁统节度镇军还江陵》	22	298
卷十八		
《锦树行》	1	298
《写怀二首》（其一）	3	300
《观公孙大娘弟子舞剑器行》	4	301
《冬至》	5	304

续表

题 目	《杜诗镜铨》页码	英文页码
《舍弟观自蓝田迎妻子到江陵喜寄三首》(其一、二)	7	305
《夜归》	8	306
《晚晴》	9	306
《江涨》	9	307
《元日示宗武》	9	308
《人日二首》(其一、二)	10	309
《将别巫峡,赠南卿兄瀼西果园四十亩》	12	310
《大历三年春,白帝城放船出瞿塘峡,久居夔府,将适江陵,漂泊有诗,凡四十韵》	12	313
《巫山县汾州唐使君十八弟宴别,兼诸公携酒乐相送,率题小诗,留于屋壁》	14	316
卷十九		
《多病执热奉怀李尚书》	1	316
《江边星月二首》(其一)	3	317
《移居公安山馆》	8	317
《醉歌行赠公安颜少府,请顾八题壁》	8	318
《呀鹘行》	10	319
《冬深》	11	320

续表

题　　目	《杜诗镜铨》页码	英文页码
《岁晏行》	12	320
《夜闻觱篥》	12	322
《缆船苦风，戏题四韵，奉简郑十三判官》	13	322
《泊岳阳城下》	13	323
《登岳阳楼》	13	323
《登白马潭》	14	325
《南征》	14	325
《过津口》	16	326
《早发》	17	327
《清明二首》（其二）	19	328
《衡州送李大夫七丈勉赴广州》	22	329
卷二十		
《江阁卧病，走笔寄呈崔卢两侍御》	2	329
《舟中夜雪有怀卢十四侍御》	9	330
《北风》	9	331
《对雪》	9	331
《蚕谷行》	10	332
《朱凤行》	11	332
《风雨看舟前落花，戏为新句》	13	333

续表

题　目	《杜诗镜铨》页码	英文页码
《逃难》	22	334
《聂耒阳以仆阻水，书致酒肉，疗饥荒江，诗得代怀，兴尽本韵，至县呈聂令。陆路去方田驿四十里，舟行一日，时属江涨，泊于方田》	19	335
《风疾舟中，伏枕书怀三十六韵，奉呈湖南亲友》	20	336